KB036344

연경(烟經), 담배의 모든 것

연경,
담배의 모든 것

烟經

18세기 조선의 흡연 문화사

이옥 지음, 안대회 옮김

Humanist

  인류를 남자와 여자로 나눌 수 있듯이, 담배를 피우는 사람과 담배를 피우지 않는 사람으로도 나누어볼 수 있다. 담배는 수세기 동안 인류의 일상을 지배한 기호품의 하나다. 아메리카 대륙의 신비한 풀에서 벗어나 담배는 세계의 수많은 사람들이 즐기는 물건이 되었다. 지구상의 모든 나라가 정치나 경제에서 하나의 세계체제로 형성되기 이전부터 수많은 나라 사람들의 입과 코에서는 담배 연기를 뿜어내고 있었다. 한국이 포함된 동아시아의 여러 나라도 예외가 아니다. 담배가 도입된 이후 수백 년 동안 담배는 한국인의 일상을 지배하였고, 생활문화의 주요한 일부였다.

  그러므로 담배는 한국인의 문화를 이해하는 중요한 코드의 하나다. 17세기 이래 한국인은 남녀노소 가릴 것 없이 열렬히 담배를 피웠고, 자연스럽게 산업과 문화를 비롯한 인간생활 전반에 그 자취를 남겨놓았다. 이 신비한 아메리카산 풀을 선조들은 남령초(南靈草)라 부르며 매혹되었고, 꽤 많은 작품과 사료를 남겼다. 전통시대 흡연 문화를 엿볼 수 있는 자료도 상당히 풍부하고, 관련 유물도 많이 남아 있다. 다만 제대로 수집하거나 정리한 사람이 없어, 지난날의 흡연과 그로부터 형성된 흥미로운 문화를 생생하게 엿보기가 쉽지 않을 뿐이다.

지금부터 이백 년 전 이옥(李鈺)은 《연경(烟經)》이란 작은 책자를 지어, 담배가 조선 사람의 생활에서 얼마나 큰 비중을 차지하는지, 또 어떻게 생산하고, 어떠한 도구를 발전시키고 있는지, 또 흡연이 어떻게 삶에 영향을 미치는지 등 다방면에 걸친 흡연 문화를 독특한 문체로 기록하였다. 늘 사랑하여 피우는 인생의 벗으로서 담배의 모든 것을 기록하고 싶다는 열망을 감추지 않았다. 담배 같은 오랑캐산 풀이 근엄한 학문의 대상일 수 없는 시대에 그는 경쾌한 산문으로 자기 시대 기호품의 세계를 객관화하여 보려 했다. 그는 새로운 지식을 발견하고 그것을 체계화하려 했다. 현대 문화학의 선구적 모습을 그에게서 읽을 수 있다.

그런 의미를 지닌 이옥의 저작을 우리말로 옮긴 것이 이 책이다. 필요한 대목에는 역자의 해설을 덧붙였다. 동시에 흡연과 관련된 옛 문헌자료를 찾아내 우리말로 옮기고 해설을 더했다. 비흡연자로서 이 책을 내는 것은 무엇보다 이옥의 저작에 매료된 때문이다. 하지만 독자들이 전통시대 흡연 문화의 흥미롭고도 풍부한 세계를 접하는 데 조금의 도움이라도 되었으면 하는 바람도 없지 않다.

2008년 1월 명륜동 연구실에서

안대회

차례

18세기 조선의 흡연 문화사

1

담배는 지난 수세기 동안 인류가 즐긴, 가장 대표적인 기호품이다. 아메리카가 원산지인 이 식물은 16~17세기에 세계 전체를 장악하였다. 십여 년 전부터 세계적으로 금연 바람이 몰아닥쳐 이제는 흡연이 공공의 적으로 바뀌었으나, 담배는 여전히 인류의 보편적 기호품임을 부정할 수 없다. 한국도 예외는 아니다. 담배가 전파되는 중요한 경로에 위치하여 일정한 역할을 했고, 생산량과 흡연 인구 면에서 작지 않은 위상을 갖고 있다.

한국에 담배가 전해진 시기는 지금부터 400년을 전후한 조선 중엽 광해군 무렵이다. 포르투갈 상인이 담배를 일본에 전했고, 일본은 조선에 전했으며, 조선은 이를 다시 여진과 중국 북방지역에 전해주었다. 한국은 동아시아 담배 유통의 중간적 역할을 했고, 담배 명산지 가운데 하나였다. 담배는 짧은 기간에 남녀노소를 불문하고 피워대는 기호품으로 확고하게 자리를 잡았다.

그 사이에 담배는 한국인의 일상생활에 많은 변화를 가져왔고,
산업과 생활풍속, 문화와 예술에 적지 않은 영향을 끼쳤다. 흡연의
보편화로 담배를 향한 사랑을 시와 산문으로 표현한 골초 문인들
이 등장했고, 반면에 흡연의 폐해를 밝히고 금연을 주장한 사람들
도 적지 않았다. 담배가 가져오는 건강과 풍속과 인륜의 폐해가 일
찍부터 제기되어 흡연 찬반론이 지속적으로 논쟁의 수면 위로 떠
올랐다.
  담배를 둘러싼 다양한 문제와 감회를 시와 문장으로 표현했기에
관련 자료가 꽤 많이 남아 있다. 조선 후기에 지어진 담배 관련 문
헌은 적지 않을 것으로 짐작된다. 박학하기로 유명한 19세기의 학
자 이규경(李圭景)이, "우리 동방의 선현들이 남초(南草)를 두고 논
한 글들이 몹시 많으나 일일이 참고할 겨를이 없다"라고 말했으므
로 기록이 몹시 풍성했음을 예상할 수 있다. 그럼에도 불구하고 학
자들은 문헌과 문서, 회화자료와 실물자료를 초보적 수준에서조차
조사하지 않았다. 수백 년 동안 기호품의 제왕 자리를 차지한 사물
을 학계는 너무도 소홀히 취급한 것이 아닐까? 그렇다보니 한국의
흡연 문화사를 다룬 본격적인 저술이 아직 없다. 늦었지만 이제라
도 담배와 관련한 자료를 수집 정리하고, 흡연의 문화사를 저술해
야지 않을까.

2

담배와 흡연을 다룬 저작 가운데 최고의 작품은 《연경(烟經)》이
다. 책 제목을 직역하면 '담배의 경전'이다. 1810년 이옥(李鈺)이
쓴 단독 저술이다. 오랜 동안 사람들은 이런 종류의 책이 존재한 줄
조차 몰랐다. 도서관에 갈무리되어 있던 이 책이 몇 년 전 김영진
교수의 논문에 의해 처음 알려졌고, 그 이후 역자가 전체 내용을 본
격적으로 소개한 바 있다. 《연경》을 간단히 소개하면 이렇다.

《연경》은 영남대학교 중앙도서관 소장 필사본으로, 경북대 남권
희(南權熙) 교수가 기증한 장서인 남재문고(南齋文庫)에 들어 있다.
전체 분량은 25장이고, 판의 크기는 $11.9cm^2 \times 21.7cm^2$이다. 판심
(版心)에 '화석장본(花石庄本)'이란 원고지 이름이 박혀 있는, 쓰인
사란공권(絲欄空卷)에 정사(正寫)하였다. 이 원고지는 이옥이 사용
하던 것이므로 저자 수고본(手稿本)이다. 글씨도 이옥의 친필이다.
사침(四針)으로 제본하였고, 겉표지는 황지(黃紙)이다. 중국책 스타
일로 아담하고 세련되게 만든 책자이다.

책은 서문과 4권으로 구성되었다. 구성과 내용은 다음과 같다.

· 연경서(烟經序): 경오년(1810) 5월에 쓴 저자의 자서
· 연경 첫째 권: 담배씨를 거두는 내용인 '수자(收子)'부터 담배 뿌리를
  보관하는 '엄근(罨根)'까지 담배를 경작하는 방법과 과정을 17조에
  걸쳐 상세하게 기록했다.

- 연경 둘째 권: 담배의 원산지와 전래, 담배의 성질과 맛, 담배를 쌓고 자르는 방법, 태우는 방법 등을 19조에 걸쳐 소개하였다.
- 연경 셋째 권: 담배를 피우는 데 사용되는 각종 용구를 12조에 걸쳐 상세하게 설명했다.
- 연경 넷째 권: 흡연의 멋과 효용, 품위와 문화를 10조에 걸쳐 다각도로 묘사하였다.

각 권의 앞부분에는 그 안에서 다룰 내용의 의의를 간략하게 밝힌 서문이 실려 있다. 첫째 권, 둘째 권, 셋째 권은 담배의 재배와 성질, 도구를 설명한 내용으로 짜여 있다. 조선 후기의 담배 생산과 향유의 구체적 실상을 기록한 것이라서 보통의 문학작품에서는 찾아보기 힘든 내용이다. 현재 남아 있는 흡연 관련 자료가 대부분 문학작품이므로 이러한 내용은 담기지 않았다. 따라서 결코 소홀히 취급할 수 없는, 아주 소중한 내용이다.

그러나 넷째 권이 가장 흥미로운 부분임을 부정하기 어렵다. 흡연의 문화적 측면을 골고루 다루어서 매우 문학적일 뿐만 아니라, 수사 또한 아름답다. 이옥이 작심하고 쓴 문예적인 글이다. 조선 후기 사람들이 담배를 피우는 갖가지 장면 묘사를 통해 인정물태(人情物態)가 눈앞에 선연하게 나타난다. 빼어난 소품문(小品文)으로 높이 평가할 만한 매력을 발산한다. 《연경》이 문학적으로 성공한 작품이라는 평가는 바로 이 넷째 권이 있었기에 가능하다.

《연경》은 이렇게 담배와 연관된 중요한 사실을 네 개의 분야로 나누어 빠짐없이 서술하려고 노력했다. 조선시대의 담배 생산과 흡연 문화를 이해하는 데 이보다 더 충실하고 핵심적인 정보를 기록한 자료는 없다고 해도 지나친 말이 아니다.

담배를 다룬 저작이 많지 않기는 중국이나 일본도 크게 다르지 않다. 일본에서는 이옥보다 십여 년 앞선 1796년에 서양 전문가인 오스키 겐타쿠(大槻玄澤)가 《언록(蔫錄)》(담배의 기록)이란 책을 펴냈다. 중국에서는 1822년에 진종(陳琮)이 《연초보(烟草譜)》를 저술하였다. 한중일 삼국에서 각 나라의 담배와 흡연 문화를 기록한 대표적인 저작이 모두 1810년을 전후한 시기에 지어졌다. 모두 당시의 동아시아 공통의 문어(文語)인 한문으로 쓰였다. 각각의 저작은 서로를 참조하지 못한 채 독립적으로 지어졌다. 동일한 주제를 다루었기에 비슷한 내용도 적지 않지만, 사는 나라가 다르고 체험이 다르기 때문에 각기 다른 개성과 내용이 담겨 있다. 한중일 세 나라 학자가 담배를 두고 비슷한 시기에 쓴 세 책을 비교 검토한다면, 그것 또한 흥미로운 일일 것이다.

3

그렇다면 저자 이옥은 어떤 사람이며, 어떠한 의도로 이 책을 썼을까? 이옥(李鈺, 1760~1815)은 18세기 후반에서 19세기 전반에 문필 활동을 한 문인이다. 본관은 전주(全州)이고, 자(字)는 기상(其相)이며, 문무자(文無子)·매화외사(梅花外史)·화석산인(花石山人)을 비롯한 많은 호를 사용했다. 한평생 소품문 창작에 전념해 발랄하고 흥미로운 작품을 많이 남겼다. 성균관 유생으로 있던 1792년 국왕이 출제한 문장 시험에 소품체(小品體)를 구사하여, 정조 임금으로부터 불경스럽고 괴이한 문체를 고치라는 엄명을 받기도 했다. 일과(日課)로 사륙문(四六文) 50수를 지어 옛 문체를 완전히 고친 뒤에야 과거에 응시할 수 있다는 징벌을 받았고, 또 경상도 삼가현에 충군(充軍)을 당한, 쓰라린 체험도 하였다. 그로 인해 관계(官界)로 진출이 막혀버려, 이후 문학 창작에만 매달리며 일생을 보냈다. 자기만의 개성적인 문체와 내용을 고집함으로써 군주로부터 견책을 당할 만큼 독특한 창작 경향을 보였던 것이다. 《연경》은 일반 사대부가 저서로까지 쓰기를 꺼려하는 주제를 다룬 책이므로 독특한 창작물에 속함은 말할 나위도 없다. 그러한 창작 경향의 결과로 그의 작품은 그가 살던 시대를 파악하는 예민한 촉수 노릇을 한다.

그렇다면 이옥이 《연경》을 저술한 의도는 무엇일까? 저술의 앞부분에 실린 서문과 각 권의 앞에 실린 소서(小序)에 편찬 의도가 구체적으로 밝혀져 있다. 옛사람들은 미미하고 중요하지 않다고 생각되는 일상생활의 사물일지라도, 가치를 지닌 것이라면 기록으로 남겼다는 사실에 이옥은 주목했다. 담배는 조선에 들어온 지 200년이나 되었고, 수많은 사람들이 날마다 즐기는 기호품이므로 기록할 만한 가치가 충분하다. 그럼에도 불구하고 볼 만한 기록이 없다. 이옥은 생활 주변의 사소한 사물을 다룬 저술이 많이 등장한 사실을 열거하여, 그러한 사물들도 저술의 대상이 되는 상황에서 담배에 관한 저술이 없을 수 없다고 판단하였다. 더욱이 이옥은 애연가였다. 결국 애연가로서 수많은 사람들의 기호품인 담배를 체계적으로 조사·연구한 저술이 없다는 사실에 자극을 받아 이 책을 저술하게 되었다고 그는 밝혔다.

한편, 그는 이미 32세 때 담배를 의인화한 가전(假傳) 작품 〈남령의 한평생(南靈傳)〉을 지은 일이 있고, 또 법당 안에서 담배를 피운 사연을 소재로 하여 〈담배 연기(烟經)〉란 빼어난 소품을 쓴 일도 있다. 사실 일상에서 접하는 사소한 사건에도 붓을 놀리는 그의 성미로 볼 때, 골초인 그에게 담배를 주제로 한 저작이 없다는 것은 아무래도 어울리지 않는다. 그는 늘 담배에 관한 저작이 필요하다고 생각했던 것 같다.

서문에서 그는, 기록할 만한 가치가 조금이라도 있는 것이라면 기록한다는 저술의 정신을 언급했다. 《연경》이 결코 한때의 붓장난의 소산이 아니라고 그는 힘주어 말했다. 정치나 철학, 윤리나 문학 따위의 주제만이 저술의 대상이 아니라, 사소하고 무의미하다고 여겨지던 사물도 저술의 대상으로 의미를 지닌다는 생각을 표명하였다. 전통적으로 가치가 있다고 의미를 부여받던 주제를 다룬 저술과 달리 그는 담배를 저술의 주제로 과감하게 선택했다.

이옥이 밝힌 이러한 생각은 18세기 말엽에서 19세기 초엽의 신예 학자들에게 확산된 의식이었고, 《연경》은 우리 학술계 내부에서 중대한 변화가 일어났음을 보여주는 중요한 표지로도 주목해야 할 저서이다.

4

담배의 요모조모를 기록한 《연경》은 이렇게 당시 학술의 첨단을
보여주는 저술의 하나다. 《연경》이 학술사적으로도 적지 않은 의미
가 있다는 것은 18세기 실학을 대표하는 지식인 유득공도 《연
경》을 지었다는 사실에서 짐작할 수 있다. 다산 정약용이 둘째 아
들 학유(學游)에게 양계를 권하는 편지에서, "네가 벌써 닭을 치고
있다니, 온갖 서적에서 닭을 다룬 기록을 초록하여 육우(陸羽)의
《다경(茶經)》이나 유득공(柳得恭)의 《연경(烟經)》처럼 《계경(鷄經)》
을 편찬하는 것도 좋을 것이다. 속된 일을 하면서도 맑은 운치를 지
니려면 모름지기 이러한 사례를 기준으로 삼을 일이다"라고 말한
바 있다.

　애연가였던 정약용은 유득공의 《연경》을 읽고 그 가치를 높이 평
가하였다. 이 편지글에 따르면, 유득공도 《연경》을 저술하였다는
이야기인데, 현재 그의 이름으로 된 《연경》은 전하지 않는다. 그런
데 유득공은 이옥과 이종사촌 사이다. 유득공의 몰년(沒年)은 1807
년이므로 그가 《연경》을 지었다면 이옥보다 앞서서 지은 셈이다.
유득공이 정말 《연경》을 지었는지는 현재로선 확인할 수 없다. 그
렇다고 이옥이 지은 《연경》을 정약용이 유득공의 저작으로 착각했
을 가능성도 그리 커보이지 않는다. 유득공과 이옥이 같은 주제의
책을 비슷한 시기에 지었다면 그 사실 자체가 흥미롭다. 생활과 학
문, 현실문제와 지식을 서로 분리시켜 보지 않으려는 당시 선진적

학자들의 학문 태도가 이들 저서에 나타난다. 그것은 이 시대 학문이 지향하는 바가 무엇인지를 암시한다.

5

역자는 《연경》을 《문헌과해석》에 영인한 이후 KT&G 사보에 전체 내용을 번역해 연재하였다. 연재와 동시에 근대 이전 지식인들이 쓴 담배 관련 자료를 수집하였다. 담배와 흡연을 본격적으로 다룬 문헌의 대표가 《연경》이지만, 담배를 주제로 한 저작은 이것에만 그치지 않기 때문에 의미있는 자료들이 속속 눈에 띄었다. 담배를 애호하는 이유와 감흥을 표현한 옹호론자의 자료와, 흡연의 폐해를 고발하고 금연의 당위성을 입증하려 한 금연론자의 자료가 그렇게 하여 모아졌다. 이 중 읽을 만한 가치가 있다고 판단한 자료 열한 가지를 골라 '2부 담배, 그 애증의 기록'에 제시하였다. 이 자료를 함께 읽는다면, 《연경》에 등장하는 내용을 비교하여 이해할 수 있을 뿐만 아니라, 조선시대 애연가들과 금연가들의 사유와 정서를 역사적 관점에서 이해하는 데 도움이 될 것이다. 부록으로 제시한 글의 의미를 간단하게 정리하면 이렇다.

먼저, 이옥이 담배를 제재로 쓴 산문작품 두 편을 실었다. 〈담배연기(烟經)〉는 《연경》과 제목이 같은 산문으로, 우연히 법당 안에서 담배를 피우다가 제지를 당하고 쓴 글이다. 그리고 〈남령의 한평생(南靈傳)〉은 담배를 의인화하여 쓴 가전체(假傳體) 소설이다. 담배를 남령(南靈)이란 이름의 장군으로 각색하여 그의 선조와 성질, 활약 내용을 묘사하였다. 이 역시 흥미로운 산문이다. 담배를 주제로 한 임상덕의 가전체 작품 〈담파고의 일생(淡婆姑傳)〉도 함께 실었다. 이옥은 담배를 장군으로 각색한 반면, 임상덕은 비구니로 각색하였다. 애연가의 심리에 따라 담배의 이미지가 색다르게 바뀌고 있다.

다음으로 흡연 옹호론의 입장을 대변한 글들이다. 대체로 시대가 앞선 글들이 애연가의 입장을 반영한 옹호론에 치우쳐 있다. 이빈국의 글 〈금연론을 반박한다(南草答辨)〉와 정조(正祖)의 〈남령초(南靈草)를 주제로 질문에 답하라〉, 임수간의 〈담배를 예찬하는 노래(煙茶賦)〉, 그리고 박사형의 〈남초가(南草歌)〉 등이 여기에 속한다. 그 중에서도 임수간의 글이 분량뿐만 아니라, 문학적 묘사와 내용에서도 압권이다. 이론적인 차원에서나 글이 지닌 강도에서 정조의 책문(策問)은 담배 옹호론을 대표하는 글이다. 그 책문이 지닌 의미는 그 글에 붙인 역자의 해설에서 다소 길게 설명하였다. 이 글을 통해 조선시대 애연가의 심리와 논리를 잘 엿볼 수 있다.

정조를 비롯한 애연가들이 담배의 효능과 멋을 주장했지만 금연론 또한 강하게 제기되었다. 그들은 담배가 인간에게 해를 끼친다는 점을 논리적으로 설파하려고 노력했다.

가장 먼저 거론할 것이 이덕리(李德履, 1728~?)의 〈금연책을 제안한다(記烟茶)〉이다. 이옥의 저작에 비해 20년 정도 앞서는 글이고, 담겨 있는 내용도 풍부하다. 이옥이 담배 옹호론자의 입장에서 담배의 미덕을 예찬했다면, 이덕리는 금연론자의 입장에서 담배의 해독과 금연을 주장했다는 점에서 차이가 난다. 이덕리는 담배의 해로움을 진기 소모, 시력 저하, 의복 착색, 서책 오염, 화재 유발, 치아 상해, 체면 손상, 행동 불편, 예모(禮貌) 불경, 공경 소홀 등의 열 가지 이유를 들어 설명했다.

비슷한 시기에 금연론을 적극적으로 주장한 글로는 이현목의 〈담바고 사연〉, 황인기의 〈남초 이야기〉, 윤기의 〈어른과 어린이의 윤리와, 높은 자와 낮은 자의 질서가 담배로 인해 파괴된다〉가 있다. 이 글들은 흡연으로 인한 폐해를 조목조목 비판하여 금연이 실시되어야 함을 주장했다. 대체로 보아, 흡연이 인간의 건강에 미치는 좋지 못한 영향, 담배 재배에 따른 경작지 축소와 식량 부족, 담배로 인한 화재 사고, 담배로 인한 주위 환경 불결, 흡연으로 인한 사회 질서와 풍기 문란 등의 항목으로 요약할 수 있다.

6

이옥의 《연경》은, 현재까지 알려진 바로는, 조선시대에 지어진 거의 유일한 담배 관련 단독 저술이다. 지금부터 꼭 200년 전에 지어졌다. 이옥은 문학사에서 아주 독특한 문학세계를 구축한 문인이다. 기성의 문학세계에 반발하여, 당대의 현실을 당대의 시선으로 묘사하자고 주장한 변화 지향의 문인이었다. 당대의 현실로 그는 정조 치하의 서울 시정인(市井人)을 주목했고, 그 중에서도 여성을, 여성의 사랑을 주목한 바 있는데, 이는 그의 문학적 신념의 징

표이다. 담배라는 일상적 기호품도 그런 당대적 현실의 생생한 기호이다. 담배를 저술의 주제로 삼은 것은 그런 문학적 신념에서 나왔다.

《연경》은 문체가 독특하다. 지나치다 싶을 만큼 간명하게 사실을 밝힌 문체의 특징을 어렵지 않게 감지할 수 있을 것이다. 메모하듯이 단상(斷想)을 한 조항 한 조항 엮어서 하나의 저술을 이루고 있다. 담배라는 기호품을 전체로서 조망하려는 체계를 이루고 있다. 작은 책자이지만 내용이 풍부한 것은 간결한 문체 덕분이라고 할 수 있다. 어떻게 보면, 너무도 건조한 문체라는 느낌이 들기까지 한다. 번역문에서도 대체로 발견되지만, 원문을 읽으면 그가 매우 기괴한 문체를 사용하고 있음을 더욱 강하게 느낄 수 있다. 당대의 일반적인 문사들이 사용하는 문체와는 판이하게 다르다. 한 저술 안에서도 다양한 문체를 구사하고 있다. 특히 넷째 권이 그렇다. 이 책이 담배에 얽힌 조선시대의 문화를 전해주는 책에 그치지 않고 문학서임을 넷째 권을 읽어보면 알 수 있을 것이다.

지금은 매우 부정적으로 인식되고 있는 담배와 흡연은, 그럼에도 불구하고 분명 우리 문화의 일부를 구성하는 중요한 대상이다. 더욱이 조선 후기에는 그렇다. 이옥의 《연경》이 발견되기 전까지 조선시대 특유의 흡연 문화는 우리의 눈에 그다지 뜨이지 않았거나 미지의 것들이 많았다. 그러나 《연경》이 발견된 이후에는 그런 것들에 관심이 더 가고, 그에 관한 지식이 풍부해졌다. 이옥은 《연경》이라는 저술을 통하여 새로운 지식의 영역을 창출했다고 말할 수 있다. 자의식 강한 옛 문인의 작은 시도가 결코 헛되지 않았다는 것을 지금 우리들은 잘 알 수 있다. 독자들이 이 작은 저술을 통해 단절된 2세기를 넘어 흡연이 낭만적 삶의 일부였던 세계를 이해할 수 있다면 역자로서 보람이겠다.

1부

연경(烟經), 담배의 모든 것

담배의 경전 서문烟經序

옛날 사람들은 일상생활의 하나인 음식을 주제로 하여, 관련된 사실을 기록해 저서로 남기는 데 인색하지 않았다. 그래서 단문창(段文昌)이 《식헌(食憲)》 50권을 지었고,[1] 왕적(王績)이 《주보(酒譜)》[2]를, 정오(鄭邀)가 《속주보(續酒譜)》[3]를, 두평(竇苹)이 《주보(酒譜)》[4]를 지었다. 또 육우(陸羽)가 《다경(茶經)》을 지었다.[5] 이 책이 나온 뒤로 주강(周絳)이 그 내용을 보완하는 책을 지었고,[6] 모문석(毛文錫)이

1_추평공(鄒平公) 단문창(段文昌, 772~835)은 중국 당(唐)나라 때의 재상이자 문인이다. 미식가로서 연진당(燃珍堂)이란 이름의 주방을 만들어 요리를 연구하였다. 연구한 결과를 정리하여 《식헌(食憲)》 50권을 저술하였는데 당시 사람들이 이 책을 《추평공식헌장(鄒平公食憲章)》이라 불렀다. 불행하게도 이 책은 현재 전하지 않는다. 단문창의 아들이 단성식(段成式)인데 그 역시 미식가로서 아버지의 영향을 받아 저명한 저서 《유양잡조(酉陽雜俎)》에 음식을 많이 소개하였다.

2_왕적(王績, 585~644)은 중국 당나라 때의 저명한 문인이다. 술을 좋아하여 날마다 말술을 마셨고, 스스로를 오두학사(五斗學士)라 불렀다. 술 빚는 방법을 적은 《주경(酒經)》과, 역대의 명주와 술꾼을 기록한 《주보(酒譜)》를 지었으나 모두 전하지 않는다.

3_정오(鄭邀, 866~939)는 자(字)가 운수(雲叟)로 당나라 때의 시인이다. 왕적의 《주보》를 본받아, 술을 주제로 한 고금의 기사를 뽑아 《속주보》 10권을 편찬하였다. 현재 전하지 않는다.

4_두평(竇苹)은 중국 송(宋)나라 인종(仁宗) 때 사람이다. 1024년 음주를 주제로 한 자료들을 모아 《주보(酒譜)》를 편찬하였다. 《주보》는 도종의(陶宗儀)가 편찬한 총서 《설부(說郛)》에 실려 전한다.

5_육우(陸羽, 733~804)는 당나라 때 사람으로 자는 홍점(鴻漸)이다. 차를 즐긴 사람으로, 차를 주제로 《다경(茶經)》을 지어 후대에 다성(茶聖)으로 추앙받는다.

6_주강(周絳)은 송나라 때 사람으로 1012년쯤에 육우의 《다경》에 건안(建安) 지역의 명차(名茶)가 수록되지 않았다 하여 《보다경(補茶經)》 10권을 지었다. 현재 전하지 않는다.

다시 《다보(茶譜)》[7]를 지었으며, 채양(蔡襄)과 정위(丁謂)가 《다록(茶錄)》을 지었다.[8]

이렇게 마시고 먹는 음식 외에도, 품위있게 즐기는 데 도움을 주거나 지난날의 사실을 이해하는 데 보탬이 될 만한 저술을 지었다. 범엽(范曄)의 《향서(香序)》,[9] 홍추(洪芻)의 《향보(香譜)》,[10] 섭정규(葉庭珪)의 《향록(香錄)》[11]은 모두 향을 사르는 한 가지 주제를 선택해 글로 기록하였다.

반면에 채양(蔡襄)의 《여지보(荔枝譜)》, 심립(沈立)의 《해당보(海棠譜)》, 한언직(韓彦直)의 《귤록(橘錄)》, 범성대(范成大)의 《매국보(梅

7_ 모문석(毛文錫)은 당나라 말엽 오대(五代) 때의 시인이다. 935년쯤에 차의 요모조모를 설명한 《다보(茶譜)》를 지었다. 현재 전하지 않는다. 원전에는 무문석(無文錫)으로 잘못 표기되어 바로잡았다.

8_ 채양(蔡襄, 1012~1067)은 중국 송나라 때의 저명한 학자다. 그가 지은 《다록》 1권은 상하 두 편으로 구성되었고, 저명한 건안차(建安茶) 전문서다. 정위(丁謂, 966~1037)는 송나라 때의 저명한 재상이자 시인으로 999년쯤에 《북원다록(北苑茶錄)》을 편찬하였다.

9_ 범엽(范曄, 398~446)은 《후한서》를 저술한 중국의 역사가다. 《송서(宋書)》의 〈범엽전(范曄傳)〉에는 그가 《화향방(和香方)》이란 저작을 썼다고 전하고, 그 서문의 일부를 인용하였다. 이옥이 말한 《향서(香序)》란 책은 〈범엽전〉에 실려 있는 《화향방(和香方)》의 서문을 가리킨다. 그 서문은 각종 향기의 성질을 논하고 있는데, 실제로는 좋은 향기로 자신을 비유하고, 나쁜 향기로 당시의 정객을 풍자하였다. 이로 인해 범엽은 권력자의 미움을 사서 죽임을 당했다.

10_ 홍추(洪芻)는 송나라 때의 학자로 자는 구보(駒父)이며 저명한 시인 황정견(黃庭堅)의 조카다. 향을 주제로 한 다양한 정보를 담은 《향보》 5권을 지었다.

11_ 섭정규(葉庭珪)는 송나라 때의 학자로 향을 주제로 한 《남번향록(南蕃香錄)》이란 저서를 썼다. 이 책을 줄여서 《향록》이라고 부른다. 원전에서는 이름의 가운데 자인 정(庭)을 정(廷)으로 잘못 썼는데 바로잡았다.

菊譜)》, 구양수(歐陽修)의 《모란보(牧丹譜)》, 유공보(劉貢父)의 《작약
보(芍藥譜)》, 대개지(戴凱之)의 《죽보(竹譜)》, 스님 찬녕(贊寧)의 《순
보(筍譜)》는 모두, 이름난 꽃과 좋은 과일 가운데 소재 한 가지를 선
택해 글로 기록하였다.[12]

　이러한 저서를 통해 옛날 사람들은 기록할 만한 좋은 점을 한 가
지라도 가졌다면 그 물건이 보잘것없다고 해서 팽개쳐두지 않았음
을 잘 알 수 있다. 감춰진 사실은 구석구석 뒤져서 모으고, 심오한
비밀은 훤하게 드러낸 뒤에 갖가지 내용을 수집하여 책으로 엮어
후세 사람에게 제시해주었다. 이들 저서가 곳곳에 버려진 사물을
세상에 훤히 드러냄으로써 천하 모든 사람들과 후세의 자손들이 누
구나 할 것 없이 자유롭게 사용하도록 만들었다. 책을 지은 분들의
마음씀을 헤아려본다면, 그분들의 책이 글을 쓰다가 일시적으로 해
본 붓장난의 결과라고 말할 수 있겠는가?

　천하 사람들이 담배를 피운 지는 아주 오래되었다. 《인암쇄어(蚓
庵瑣語)》에서는 "숭정(崇禎) 초엽에 담뱃잎이 여송(呂宋)으로부터
전래되었다"고 하였고,[13] 송완(宋琬)의 《수구기략(綏寇紀畧)》에서도

12_ 이상에서 각종 특이한 화훼와 식물을 전문적으로 소개하고 묘사한 저작을 거론하였
　다. 대개지의 《죽보》를 제외하곤 모두 송나라 때의 저작이다.
13_ 《인암쇄어》는 명나라 말엽 청나라 초엽 사람인 왕포(王逋)의 저술로 왕조 교체기의
　사회상을 묘사하였다. 총서 《설령(說鈴)》에 수록되어 널리 전해졌다. 이 책에는 중
　국에 담배가 전파되는 초기의 상황을 묘사한 흥미로운 역사기록이 나온다. 숭정(崇
　禎)은 명나라 마지막 황제인 의종(毅宗)의 연호로 1628년에서 1644년까지의 기간을
　가리킨다. 여송(呂宋)은 현재의 필리핀이다.

앞의 책을 인용하고서 명말(明末)에 등장한 재앙의 하나라고 말했다.[14] 그러니 담배가 남쪽 오랑캐 땅으로부터 중국에 전래된 지 거의 네 번째 병자년(丙子年)을 맞는 셈이다.[15]

조선에서는 이식(李植)의 《택당집(澤堂集)》에 〈남령초가(南靈艸歌)〉가 실려 있고,[16] 임경업(林慶業) 장군의 《가전(家傳)》에 "금주(錦州)의 전투에 담배를 싣고 가서 곡식과 바꿨다"라는 기록이 보인다.[17] 그렇다면 우리 동방에 담배가 등장한 지도 거의 200년이 된다.

농부들은 기장이나 삼을 재배하듯이 담배를 경작하기 때문에 파종하고 재배하는 방법이 골고루 잘 갖춰져 있다. 그리고 흡연자들은 술잔과 술동이를 가까이하듯이 담배를 피우기 때문에 다듬고 만드는 방법이 갖가지로 구비되어 있다. 심지어는 품종이 갈수록 많아져서 명칭과 품질이 각기 달라지고, 지식과 솜씨가 갈수록 발달하여 담배를 피우기 위한 도구가 골고루 갖춰지고 있다.

14_ 송완(宋琬, 1614~1673)은 청나라 초엽의 문인으로 호는 여상(荔裳)이다. 이옥은 《수구기략》을 송완의 저작이라고 썼으나 이는 오류다. 《수구기략》은 청나라의 저명한 학자 오위업(吳偉業)의 저술이다.

15_ 네 번째 병자년은 병자호란이 일어난 해인 첫 번째 병자년(1636)으로부터 180년 뒤인 1816년이다.

16_ 이식(李植, 1584~1647)은 광해군 인조 연간의 문신이자 저명한 문인이다. 저서에 《택당집(澤堂集)》이 있다. 이옥이 말한 〈남령초가(南靈草歌)〉는 《택당선생속집(澤堂先生續集)》 2권에 실려 있다.

17_ 임경업(林慶業, 1594~1646)은 광해군 인조 연간의 장군으로 명청(明淸) 교체기에 중국과 벌어진 전투에 여러 번 참가하였다. 이 서문에서 말한 사실은 임경업의 글과 업적을 모아 엮은 《임충민공실기(林忠愍公實紀)》 2권의 〈연보(年譜)〉에 나온다. 금주(錦州)는 중국 요동 지역의 전략적 요충지로 조청(朝淸) 연합군과 명나라 군 사이에 전투가 벌어진 곳이다.

꽃이 필 때 연기를 내뿜고 달이 뜰 때 연기를 들이마시노라면, 담배는 술을 마실 때의 오묘한 맛을 겸비하였고, 파란 연기를 태우고 붉은 연기를 피워내노라면, 담배는 향을 사를 때의 깊은 멋까지 갖추고 있다. 담뱃대를 은으로 만들고 담배통을 꽃무늬로 아로새겨 즐기노라면, 차(茶)를 마시는 멋진 풍치(風致)까지 간직하였고, 담배 꽃을 가꾸고 담배 향을 말리노라면, 진귀한 열매와 이름난 꽃에 비교해도 부끄러울 것이 전혀 없다.

그렇다면 200여 년의 역사에서 문자를 이용해 담배를 기록한 책이 있을 법도 하건만, 그런 것을 기록으로 남긴 저술가가 있다는 이야기를 아직 들은 바 없다. 담배가 보잘것없는 물건이고, 흡연이 중요치 않은 일이라서 굳이 붓을 휘둘러 야단스럽게 저술할 필요가 없다고 생각한 것일까? 그렇지 않다면, 그런 저술이 있음에도 불구하고 내가 미처 보지 못했으므로 고루하고 비좁은 내 소견을 부끄러워해야 할 일일까? 그도 저도 아니라면, 담배의 출현이 아무래도 그리 오래된 일이 아니라서 기록할 시간적 여유가 아직 없었고, 그리하여 후세 사람들에게 붓을 댈 수 있는 기회를 남겨준 것일까?

나는 담배에 심한 고질병을 가지고 있다. 담배를 몹시도 사랑할 뿐만 아니라 즐기는 사람이다. 그래서 스스럼없이 남들이 비웃는 것을 두려워하지 않고 망령을 부려 자료를 정리하여 저술을 내놓는다. 엉성하고 그릇되고 거칠고 더러워서, 숨겨진 사실을 드러내고 비밀스런 이치를 밝혀내기에는 턱없이 부족하다. 하지만 담배를 기록하여 저술한 의도만은 위에서 말한 주록(酒錄)이나 화보(花

譜)를 저술한 의도에 거의 부합한다고 자부한다.

경오년(庚午年, 1810) 매미가 우는 5월 하순에 화석산인(花石山人)
은 쓴다.

서문에서 저자는 담배를 주제로 한 저작을 쓰게 된 동기를 밝히고
있다. 담배와 같이 일상생활에서 큰 비중을 차지하는 물건을 설명
하는 저술이 있을 법도 한데 자기 눈에 뜨이지 않는다는 사실에 그
는 착안하였다. 담배가 조선에 전래된 지 적어도 200년이 넘는다.
또 농부는 자연스럽게 경작하고, 흡연자는 술과 다름없이 친근하
게 피운다. 각종 흡연도구도 지천으로 널려 있고, 그 품종도 헤아
릴 수 없이 많다. 요컨대, 담배는 당시 사람들의 일상을 지배하는
일용품이다. 그런데도 담배와 관련된 저술이 전혀 없다. 그러므로
남들이 쓰지 않는다면 자신이라도 나서서 담배의 모든 것을 밝혀
주는 책을 지어야겠다는 주장을 펼치고 있다.

이옥이 살던 당시 조선의 학계는 국가를 다스리고 심성을 도야하
는 학문이 아니면 천박한 학술이라 여기기 일쑤였고, 고상한 문학
이 아니면 무시해버리는 풍토가 지식인들 사이에 널리 퍼져 있었
다. 이옥은 그러한 지적 풍토에서 담배와 같이 하찮은 물건을 대상
으로 삼아 저술하는 것이 일으킬 비난이나 물의를 예상하였기 때
문에 이렇게 저작의 동기를 써서 변명하지 않으면 안 되었다. 그런
데 서문을 꼼꼼하게 음미하면, 소극적 변명에 그치기보다는 오히
려 적극적 주장을 펼치고 있음을 읽을 수 있다. "곳곳에 버려진 하

찮은 사물을 세상에 훤히 드러냄으로써 천하 모든 사람들과 후세의 자손들이 누구나 할 것 없이 자유롭게 사용하도록 만들었다"는 언급에 그런 생각이 밝혀져 있다. 학문의 주제와 대상을 바라보는 남다르고 참신한 이옥의 시각을 엿보게 만드는 서문이다.

서문의 후반부에서 조선에 담배가 유입되는 초창기 증거를 두 가지 제시하고 있다. 아주 중요한 의미를 지니는 증거물이므로 더 알아볼 필요가 있다. 먼저, 이식이 지은 〈남령초가(南靈草歌)〉는 담배를 묘사한 초창기 한시로서 상징성을 띠는 작품이다. 《택당집(澤堂集)》에 실려 있고, 원문의 제목 아래에는 "이 남령초는 본래 이름이 담박귀(琰珀鬼)인데 우리나라에 이르러 남령초로 바뀌었다"는 주까지 달려 있다. 다음에 그 시를 우리말로 옮겨 이해하는 데 보탬의 자료로 삼는다.

남령초는 바다 동쪽 섬에서 전해온 물건,
정녀(貞女)의 혼백이 변한 것이라 왜인들은 말하네.
병든 남편 고치지 못하자
따라 죽어 천금의 약초가 되겠다고 했다지.

초중경(焦仲卿)이 자살해 변한 나무가 되지 않고[18]

18_ 초중경(焦仲卿)은 후한(後漢) 때 사람으로 부인 유씨(劉氏)와 금슬이 매우 좋았다. 그러나 시어머니의 학대를 견디다 못한 부인이 집을 나가 물에 빠져 죽자, 그도 뜰 앞의 나무에 목을 매어 죽었다.

우미인초(虞美人草)처럼 되는 길을 택했다네.[19]
모양은 가을배추요, 맛은 황벽(黃檗)나무인데
무덤 위에 줄지어 자라나 색깔이 곱기만 하네.

맛본 사람 열에 아홉이 현기증을 일으키자
의원이 목도하고 약으로 조제했네.
소주에 담갔다가 아랫목에서 띄우고서
탕제나 뜸이 아닌, 연기를 태워 쏘였네.

놋쇠로 대롱 만들어 코끼리 코처럼 빨아들여
연기가 뱃속에 들어가자 도가니 속처럼 후끈후끈.
체증도 뚫어주고 아픈 배도 고쳐내어
순식간에 뱃속을 편안하게 만들었네.

남쪽 사람들은 차 대신 사용하여
차 한 되로 담배 잎 하나 산다 하지.
그러나 저도 모르게 원기가 시들어가서
어른은 수척해지고 아이는 죽어갔네.

19_ 우미인(虞美人)은 항우(項羽)의 애첩으로 항우가 유방(劉邦)에게 패해 오강(烏江)에
   서 죽었을 때, 그 전날 밤 자결하였다. 그녀의 무덤 위에 풀이 났는데 그 이름을 우미
   인초(虞美人草)라고 했다.

내가 듣기로는, 왜인은 정치도 담배와 같아

혹독히 매울 뿐 자애로움 없다 하네.

한번 기분 푸는 것을 최상으로 삼고

무기 잡고 전공(戰功) 세우기를 잊지 않네.

쌓인 시체에 흐르는 피를 그러려니 여기는 나라

백성들만 고생하여 대개가 희생자라네.

신기함을 추구하는 인정 오래되도 못 고치니

도도한 말세 풍속은 참으로 안타깝네.

해를 넘겨 먼 객지에 나그네로 지내면서

담배의 재앙 당한 이를 곳곳에서 만났네.

"약효를 모르기에 먹지 않는다"고 공자는 말했나니[20]

시를 지어 나 자신을 경계할 뿐 괴벽 떨지 않노라.❶

장편의 시는 담배가 전래된 초창기의 유래담과, 담배를 수용한 초
기의 상황을 생생하게 전해주고 있다. 담배를 수용한 처음에는 주
로 약물로 받아들여졌지만 그 부작용이 크다는 사실을 폭로하는
주장을 펼치고 있다.

20_계강자(季康子)가 공자에게 약을 보내왔을 때, 공자가 절하고 받으면서 "저는 약효
를 잘 모르기에 감히 맛보지 못하겠습니다(丘未達 不敢嘗)"라고 말했다(《논어(論
語)》〈향당(鄕黨)〉).

다음으로, 임경업 장군이 금주위(錦州衛)에서 청나라와 연합하여 명나라 군과 벌이는 전투에 참가할 때 수레에 담배를 싣고 가서 곡식과 바꾸었다는 사연이다. 명청 교체기인 1640년 청나라는 명나라 금주위를 공격하기 위해 조선에 원병(援兵)을 요청하였는데 이때 임경업이 주사상장(舟師上將)이 되어 전투에 참가하였다. 이때 임경업은 명나라와 밀통(密通)하고 전투에 소극적으로 임했다. 구체적 사실은 정조의 어명으로 편찬한 《임충민공실기(林忠愍公實紀)》 권2 〈연보〉에 실려 있다. 임경업 장군이 48세 되던 해의 기사다.

"일찍이 수레에 싣고 갔던 연다(烟茶, 담배)를 사용할 틈이 없었는데 군량미가 벌써 다 떨어져 청나라 장수에게 보급을 요청했다. 청나라 장수가 허락하지 않자 임경업 장군께서 이렇게 말했다. "군졸들이 모두 굶주리고 있는데 살릴 방도가 없소. 장차 사업을 일으켜 군량미를 보충하려고 하니 금하지 말기 바라오." 청나라 장수가 그러마고 했다. 그래서 즉시 연다를 수만금과 바꿔 무역하여 군량미 보급을 계속하였다. 또 일천 금을 세자의 행궁(行宮)에 진상하고, 오백 금을 대군(大君)에게 바쳤다. 또 삼천 금은 상부에 보고한 뒤 의주에 보냈다."❷

담배를 수레에 싣고 가서 중국인에게 비싼 값으로 팔아 군량미를 보충했다는 기록이다. 중국 북방 지역에 담배가 널리 퍼진 계기는 조선에서 담배를 이 지역에 보급했기 때문이라는 것이 정설이다. 이 기록은 조선에서 중국으로 담배가 전해진 경로를 밝히는 아주 중요한 증거다.

담배의 경전, 첫째 권

烟
經

옛날에 제자 번지(樊遲)가 농사짓는 법을 공자께 여쭈어보았을 때, "나보다는 늙은 농부〔에게 묻는 것〕가 더 낫다!"고 공자께서는 대꾸하셨다.[1] 성인께서는 제자가 질문한 내용의 비루함을 꾸짖으려는 의도를 가지고 말씀하셨다. 그러나 한편으로는 농사짓는 방법은 반드시 한평생 농사로 늙은 농사꾼을 찾아가 묻는 것이 올바른 도리임을 말씀하신 것이다.

나는 예전부터 직업적으로 담배를 심는 시골 마을 사람들을 보아왔다. 그들은 연초 농군〔艸農〕이라는 이름으로 불렸다. 연초의 재배를 비록 올바른 농사라고 할 수는 없지만, 고생스럽게 일해서 이익을 얻고자 한다는 점에서는 그들도 농사꾼과 한가지다.

서울 사는 귀족집 자제들은 그저 담배를 피울 줄만 알지, 담배씨를 뿌리고 잎을 거두며 뿌리를 북돋고 키우는 일이 어떻게 진행되는지 그 과정을 전혀 모른다. 그러고서야 옥같이 귀한 음식을 배불리 먹으면서도, 곡식을 경작하고 수확하는 어려움을 모르는 자와 다를 게 하나도 없지 않은가?

1_ 번지는 공자의 제자다. 《논어(論語)》〈자로(子路)〉에 사연이 나온다. "번지가 농사를 배우고자 청하자 공자께서는 '나보다는 늙은 농부가 더 낫다'고 대꾸하셨다. 번지가 다시 채소밭 가꾸기를 배우고자 청하자 공자께서는 '나보다는 채소를 가꾸는 늙은이가 더 낫다'고 대꾸하셨다. 번지가 밖으로 나가자 공자께서 말씀하셨다. '번지는 소인이로구나! 윗사람이 예를 좋아하면 백성들이 감히 공경하지 않을 수 없고, 윗사람이 의로움을 좋아하면 백성들이 감히 복종하지 않을 수 없으며, 윗사람이 신의를 좋아하면 백성들이 감히 사사로운 감정을 드러낼 수 없을 것이다. 이렇게 한다면 사방의 백성들이 자식들을 강보에 싸 업고 찾아올 텐데 무엇 때문에 농사를 지으려 한단 말이냐?'"

2종의 연초 그림. 일본의 담배 전문가인 오츠키 겐타쿠(大槻玄澤)가 1796년에 쓴 《언록 (蔫錄)》에 삽화로 그려진 그림이다. 당시 남아메리카 페루에서 재배하던 품종으로 유럽까 지 널리 퍼졌다고 소개하였다.

나는 시골에 사는데다 담배를 많이 심어봤다. 그래서 늙은 농부 에게 들은 내용이 적지 않다. 따라서 담배의 씨를 뿌리고 잎을 거두 며 뿌리를 북돋고 키우는 방법을 다른 것에 앞서 기록하여, 담배를 피우는 사람들에게 담배를 만들기가 쉽지 않은 일임을 알려주려 한다.

1. 씨 거두기

◎ 씨는 검은색인데 누르고 붉은색을 살짝 띠고 있다. 가늘기가 짝이 없다. (크기가 아주 작은) 좁쌀조차도 담배씨보다는 세 배쯤 크다.

◎ 오십엽(五十葉)이란 담배가 있다. 관서 땅에서 나는 연초를 우설엽(牛舌葉)이라고 하는 사람이 있는데 맛이 오십엽보다 못하다.[2] 잎이 드문드문 나는 것을 왜엽(倭葉)이라 하는데 삼태기 꼴을 하고 있고 키가 작다.

◎ 씨를 철저하게 보관하지 않으면 쥐가 구멍을 뚫어 갉아먹는다.

2. 파종하기

◎ 땅을 깎아서 평평하게 만든다. 땅을 파거나 다지지 않는다. 무엇보다 먼저 오줌물로 토질을 부드럽게 만든다. 그런 다음 씨를 가져다 황토나 재와 함께 섞는다. 이것을 고르게 뿌리되 너무 촘촘하게 뿌리지 않도록 주의한다.

◎ 청솔가지로 싹을 덮어준다. 싹이 두 잎 나면 즉시 덮은 것을 젖혀버리고 잡초도 제거한다.

3. 구덩이 파고 심기

◎ 열여섯 치(寸)쯤 사이를 띄워서 작은 구멍을 하나씩 판다. 그

2_오십엽과 우설엽은 모두 담배의 일종으로 보인다. 오십엽은 잎사귀가 50개 정도임을, 우설엽은 잎사귀 모양이 소의 혓바닥 같다고 해서 붙인 이름으로 추정된다.

구멍에 분뇨와 재를 채우고 흙과 삶은 콩으로 덮는다. 콩 낱알 하나마다 담배씨가 네댓 개씩 붙어 있다. 이것을 흙으로 덮어서 밖으로 드러나지 않도록 한다. 콩이 문드러지면서 담배씨에서 싹이 튼다. 이렇게 하는 것이 옮겨 심는 것보다 좋다.

◎ 몇 치쯤 되는 길이로 자른 볏짚에 끈끈한 점액으로 담배씨를 붙여서 심는 것도 괜찮다.

서유구(徐有榘)는 《행포지(杏蒲志)》권3 '담배 심기'에서 유사한 모종 방법을 소개하였다.

"담배를 심을 때는 모름지기 삽앙법(揷秧法, 모내기)을 채택해야 한다. 모종을 낼 곳은 반드시 기름지고 견실한 땅을 선택해야 한다. 그렇지 않으면 쉽게 자라지 않는다. 따라서 해마다 소나 말을 매어두었던 마당가 나무 아래의 땅이 가장 좋다. 싹이 세 치에서 다섯 치 정도로 자라면 비가 내리기를 기다렸다 비가 내리면 모종한다. 뿌리 하나를 옮겨 심을 때마다 삶은 누렁콩 세 알을 뿌리 아래에 놓아둔다. 콩을 넣어두되 뿌리에 붙이지는 않고 단지 뿌리에서 두세 푼 정도 떨어져 품(品) 자처럼 둘러싸도록 한다. 그렇게 하면 콩이 썩어문드러지면서 왕성하게 자라 아주 쉽게 번식한다."❶

또 같은 곳의 '담배 심기의 금기'에서 "땅을 가득 채워 담배를 심는다. 묵은 뿌리가 남아서 겨울을 나고도 죽지 않고 그 다음 해 움이 트면 줄기가 뻣뻣하고 잎이 커서 그 해에 심은 것보다 아주 특이하다"❷고 했다.

4. 모종하기

◎ 담배 싹이 몇 치 길이로 올라오면, 비가 내리기를 기다렸다 모두 옮겨 심는 것이 좋다.

◎ 날이 가물면 땅을 단단하게 다지고, 비가 많이 오면 흙을 북돋아준다.

◎ 축축한 밭은 북돋아 심고, 건조한 밭은 움푹 들어가게 심는다. 대체로 땅은 밭두둑을 만들어서 그 고랑에 싹을 모종한다.

◎ 지나치게 웃자란 싹은 싹을 구부려서 그 허리께까지 흙을 덮어 파묻는다.

5. 뿌리 북돋기

◎ 담배 싹을 모종한 지 열흘이 되었을 때 뿌리가 내려 살아날 듯하면, 김을 매서 흙을 부드럽게 해준다. 삼태기로 흙을 가져다 북돋아서 개미둑이나 흙덩이처럼 만든다. 싹의 크기에 맞춰 그 크기를 조절한다.

◎ 또 그로부터 열흘이 지나면 다시 먼저 한 것처럼 북돋는다. 모종한 뒤부터 담배를 베기까지 흙을 북돋는데 자주 할수록 좋다.

6. 뿌리에 거름 주기

◎ 뿌리를 북돋는 일이 끝난 다음에는 비가 내릴 시기를 엿보아 담배 뿌리에 오줌을 뿌려 거름을 준다. 이때 담뱃잎이 오줌에 묻지 않도록 주의한다.

아름답게 핀 담배꽃. 분홍빛 화관을 쓴 것처럼 자태를 뽐내고 있지만, 꽃을 피우면 독성이 줄기 때문에 대부분 순 지르기를 하여 꽃을 보기 어렵다.

◎ 거름은 한 번만 준다. 두 번, 세 번 거름하면 잎은 무성할지 몰라도 나중에 담배 특유의 병충해〔火〕에 이롭지 못하다.

7. 약 치기

오래 묵은 아궁이의 재, 닭똥, 문드러진 쑥잎, 말린 말똥 등을 일정한 분량으로 뒤섞는다. 담배 한 뿌리마다 한 홉씩 약을 친다. 담배 둘레에 쌓인 흙을 호미로 풀어헤쳐 빙 둘러 에워싸게 한다. 풀어헤친 곳에 약을 주되, 너무 가까이 주는 것도 좋지 않고 너무 먼발치에 주는 것도 좋지 않다. 풀어헤친 흙을 다시 모아 예전처럼 덮어둔다.

8. 순 지르기

◎ 담배 싹이 왕성하게 자라나면 기운이 옆으로 퍼져 순이 나온다. 그 순을 그대로 내버려둔 채 쳐주지 않거나, 쳐주기를 한다 해도 열심히 하지 않을 경우에는, 곁가지가 본줄기보다 강해져 담배의 독성이 잎사귀로 스며들지 않는다.

◎ 날마다 순을 잘라내어 순이 안 생기도록 하는 것이 원칙이다. 그러나 땅바닥 가까이에 난 순 하나만은 남겨두어 뒤에 나오는 싹을 막는 용도로 삼는다.

9. 꽃 피는 것 막기

◎ 순이 나오려다 나오지 못하면 담배의 독성이 잎으로만 가지 않고 위로 치올라 꽃을 피운다. 꽃을 피우면 열매를 맺게 되고, 열매를 맺으면 잎사귀가 마르고 맛이 옅어진다.

◎ 일찍 이삭이 맺는 싹 가운데 한두 개는 꽃을 피워 씨를 갖도록 그대로 내버려둔다. 그 나머지는 가지를 쳐서, 붉은 꽃을 피우거나 열매를 매달지 못하도록 한다.

10. 해충 제거하기

◎ 벌레는 독성이 있는 담배를 오히려 맛있다고 여긴다. 애벌레는 집게발로 담배 줄기를 문다. 애벌레가 커서 구물구물 기어다니고 푸른색이 되면 잎사귀를 갉아먹는다. 처음에는 하도낙서(河圖洛書) 무늬 모양[3]을 내며 갉아먹는다. 심한 경우에는 잎사귀가 완전히 없어질 때까지 갉아먹는다. 아침에 일어나 잎사귀 뒷면을 살펴서 잡아 없애야 한다.

11. 화(火)를 조심하기

◎ 담배에는 전염병이 발생하는데 그것을 화(火)라고 부른다. 화병(火病)이 나면 잎사귀에 반점이 생기고 문드러진다. 처음 붉어질 때는 붉은 물감을 뿌린 듯한 표식이 나다가 조금 지나서는 누렇게 되고, 또 조금 지나서는 하얗게 변한다. 썩어가는 것이다.

◎ 담배 한 줄기에 병이 발생하면 나머지 모든 줄기가 그 뒤를 잇는다. 따라서 화병이 발생하면 바로 제거하여 번지지 않도록 해야 한다.

3_ 하도(河圖)는 복희(伏羲)가 황하에서 얻은 그림으로, 이를 바탕으로 삼아 《주역(周易)》의 팔괘(八卦)를 만들었고, 낙서(洛書)는 우(禹)임금이 낙수(洛水)에서 얻은 글로, 이를 바탕으로 삼아 천하를 다스리는 《홍범구주(洪範九疇)》를 만들었다고 한다. 팔괘와 같은 도형의 무늬를 가리킨다.

12. 잎 제거하기

◎ 담뱃잎 가운데 줄기 가장 밑에 있는 잎사귀를 영(影)이라고 한다. 영은 흙에 바짝 붙어 있기 때문에 해금사(海金沙)[4]가 많고, 게다가 햇볕을 받지 못해 다 자라서도 독성이 없다. 뿌리를 북돋을 때 이 잎사귀를 따서 없애버림으로써 담배의 독성을 분산시키지 못하게 한다.

◎ 영을 햇볕에 말려 새 잎 맛이 어떤지 맛보는 용도로 쓴다. 그 맛도 좋아서 그 이름을 청초연(青艸烟)이라고 부른다.

13. 잎 따기

◎ 독성이 생겼으면 바로 잎을 딸 수 있다. 독성이 생긴 징후는 잎사귀가 문득 쌀겨처럼 단단하고 아교처럼 차지게 변하는 증상으로 나타나고, 또 빛깔이 몹시 푸른 가운데 노란빛이 은은히 비치는 증상으로 나타난다. 잎 전체가 좌우로 흔들리면서 안정되게 매달려 있지 않다. 독성이 퍼져 제 스스로 이기지 못하기 때문이다.

◎ 줄기째 자르기도 하고, 잎사귀만을 따기도 한다. 잎사귀만을 따면 순이 다시 잎이 되고, 줄기째 자르면 곁가지가 다시 본줄기가 된다.

◎ 열심히 뿌리를 북돋아주고, 거름을 주었을 때는 잎을 세 번 따기도 하고 네댓 번 따기도 한다.

4_ 해금사는 실고사리로 약재로 쓰이는 식물이다.

담배잎을 말려서 펴놓았다. 좁쌀보다 작은 씨가 신비롭게도 이렇게 큰 잎으로 성장한다.

◎ 잎 따는 시기가 지나면 독성이 다시 아래로 내려간다.

14. 잎 엮기

◎ 담뱃잎이 조금 시들면 볏짚을 꼬아서 자루 부분을 엮는다. 잎을 4등분하여 세 곳을 튼튼하게 고정시킨다.

◎ 한 눈[眼][5]을 땋을 때 잎을 두 개씩 땋거나 대여섯 개씩 땋는

___

5_ 담뱃단의 단위를 표시하는 글자로 보인다.

북간도에서 한국인이 담배를 말리고 있는 장면을 찍은 1910년의 사진. 담뱃잎을 엮어 노천에서
말리고 있는데 이런 장면은 한국의 농촌에서 흔히 볼 수 있었다.

다. 두 개로는 힘이 약하고 대여섯 개로는 너무 두툼하다. 두툼하면 썩기 쉽다.

◎ 눈을 50개로 엮기도 하고, 70개나 80개로 엮기도 한다. 길고 짧기에는 일정한 제한이 없다. 양 끝은 꼰 새끼줄로 잇는다.

15. 잎 말리기

◎ 잎을 엮은 다음에는 땅바닥에 그대로 내놓는다. 이틀이나 사흘 동안 태양 아래서 햇볕을 쐰다. 담뱃단을 뒤집어 햇볕을 또 쐰다. 잎 끄트머리가 살짝 노랗게 변하면 바로 들어서 추녀 끝에 매단다. 바람은 맞히고 비는 맞히지 않는다. 날마다 아침이나 저물녘에 펼쳐서 살펴본다. 안쪽에도 푸른색이 남아 있지 않으면 말리는 작업이 끝난다.

◎ 햇볕에 말리면 붉은 빛깔이 돌고, 응달에 말리면 푸른 빛깔이 돈다. 제대로 말리지 못한 것은 검은 빛깔을 띤다.

16. 잎 바람 맞히기

◎ 가을철 이슬이 한창 내릴 때는 말라 푸석푸석한 잎도 윤기가 흐른다. 그러면 바로 추녀 끝에서 내려 지붕 위에 옮겨놓고 밤이면 이슬을 맞히고 아침부터는 햇볕을 쐬게 한다. 그러면 성질이 뻣뻣한 잎은 부드럽게, 껄껄한 잎은 기름지게, 매운 잎은 목구멍을 톡 쏘지 않게 된다.

◎ 사흘 동안 밤낮으로 그렇게 바람을 맞힌 다음 비로소 거둬들

인다.

17. 토굴 속에 보관하기

◎ 서리가 내리기 전에 큰 담배 뿌리를 골라내어 토굴 속에 넣고 흙을 덮어 보관한다. 봄이 되면 싹이 튼다. 다음 해에도 또 그와 같이 한다. 그렇게 겨울을 세 번 나면, 흙을 덮지 않아도 담배를 심을 수 있다.

◎ 그렇게 하면 잎은 점차로 가늘어지고 맛은 점차로 독해진다.

《연경》첫째 권은 담배를 재배하는 구체적인 방법을 빠짐없이 다루고 있다. 당시의 재배법을 이해하는 데 가장 중요한 문헌이다. 일반적인 자료에는 이러한 내용이 그다지 보이지 않는 점을 고려할 때 그 가치가 아주 높다고 평가할 수 있다.

한편,《증보산림경제(增補山林經濟)》의 '연초(煙草)'조에 담배 재배 방법이 간략하게 제시되어 있어 참고가 된다. 첫째 권의 내용과 견주어 보기 위해 다음에 소개한다.

"삼월 어림에 기름지고 습기가 많은 곳을 택하여 땅을 깊게 간다. 고르게 씨를 뿌리고 가는 흙으로 살짝 덮어준다. 그 다음에 빈 둥구미⁶로 덮고 아침저녁으로 물을 뿌린다. 둥구미 위로 싹이 올라오면 밤에는 노출시키고 낮에는 덮어둔다. 잎이 두세 개 자라나면

6_ 짚으로 만든 둥글고 울이 높은 그릇. 농가에서 곡식을 담을 때 쓴다.

비로소 옮겨 심는다.

모종에 앞서 적합한 땅을 고른다. 건조하지도, 습하지도 않은 땅이 좋다. 너무 기름진 땅은 적합하지 않다. 땅 위에 떡갈나무 잎 등속을 많이 뿌려놓고 쟁기질하여 오래 덮어둔다. 그 뒤에 비가 내리기를 기다렸다 옮겨 심는다.

뿌리와 뿌리 사이는 여덟아홉 치쯤 띄운다. 뿌리가 내리기 전에는 시들 염려가 있으므로 솔가지나 떡갈나무 가지로 햇볕을 가려 보호한다. 한 자 남짓 키가 클 때를 기다렸다가 줄기 끝을 잘라 제거하고 예닐곱 잎사귀만을 남겨둔다. 날마다 새 순을 따서 독기가 분산되지 않도록 한다. 담배 잎사귀가 크고도 두터워지며, 색깔이 여린 노란색이 되며, 표면에 돌기가 생긴다. 이것은 담배의 독기가 오른 표시다. 그러면 바로 한낮에 잎을 따서 엮어, 처마 밑 그늘에 매달아 건조시킨다. 또 순을 키워서 두 번도 따고 세 번도 따는데, 그런 잎은 맛이 좋지 않다. 비가 막 갰을 때 잎을 따면 독이 모두 아래로 내려가 맛이 강하지 않다. 모름지기 여러 날 기다렸다가 따야 한다." ❸

담배의 경전, 둘째 권

烟
經

공자께서는 "음식을 먹지 않는 사람은 없지마는 그 맛을 잘 아는 자는 드물다"라고 말씀하셨다.[1] 맛조차도 아는 자가 거의 없는데, 그 음식이 멀리서부터 전래된 유래를 아는 자와, 음식을 적절하게 먹는 방법을 아는 자가 과연 몇이나 되겠는가?

나는 일찍부터 담배를 피우는 세상 사람들을 보아왔다. 대부분 담배를 남초(南草)로만 알고 있을 뿐, 연초(烟草)로도 불리는 줄은 모른다. 단지 담배가 왜국(倭國)에서 건너온 줄만 알고 있을 뿐, 그에 앞서 본래 어디서부터 전래한 줄은 모른다. 또 시골 사람들 가운데는 담배를 비벼 동글동글 마는 방식에 익숙해져, 시장에서 썰어 만드는 방법이 무엇인지를 모르는 자도 있다. 서울 사람들 가운데는 좋은 품질의 담배를 사는 데만 젖어서 작두로 써는 작업이 어떠한 것인지를 모르는 자도 있다.

담배를 피우는 것은 특별할 것이 없는 일상생활의 하나다. 그럼에도 불구하고 충분히 알 수 있는 사실조차 제대로 아는 사람이 드물다. 나는 담배의 근원과 유래, 성질과 맛, 그리고 잎을 펴고 싸고 말고 써는 방법과, 담배를 떠서 채우고 불을 피워 태우는 방법을 상세히 갖추어 써서, 잘 모르는 사람에게 알려주고자 한다.

1. 담배의 유래

◎ 옛날에는 중국에 담배가 없었다. 명(明)나라 숭정(崇禎) 초엽

1_《중용(中庸)》에 나오는 구절이다.

에 여송국(呂宋國, 필리핀)으로부터 민(閩, 복건성) 지역으로 전래되었는데, 얼마 지나지 않아서 북쪽 국경을 벗어나게 되었다. 처음에는 술처럼 쪄서 먹었다. 피우는 시기는 겨울이 가장 좋았다.

이 조항은 담배가 중국에 전해지게 된 유래와 과정을 담고 있다. 조선에 담배가 전해진 유래와 과정 대신 중국에 전해진 경로를 위주로 쓴 이유는 이옥이 담배가 중국에 먼저 전해졌다고 판단한 때문이 아닐까 추측된다. 담배의 중국 전파 경로를, 중국의 저명한 역사학자 오함(吳晗, 1909~1969)은 〈연초를 말한다(談烟草)〉❶란 글에서 세 가지로 제시하였다. 첫 번째 경로는 일본에서 조선으로, 다시 조선에서 요동 지역으로 확산된 경로다. 두 번째 경로는 필리핀에서 복건, 광동(廣東)으로 전파되고, 다시 북쪽으로 확산되어 아홉 곳의 변방〔九邊〕 지역으로 확산된 경로다. 세 번째 경로는 남양(南洋)군도에서 광동으로 전파되어 북방 지역으로 확산된 경로다. 중국 광주에서 조선을 거쳐 일본으로 전파되었다고 추정하는 학설도 있지만 억지주장이라고 그는 말하였다. 오함의 학설은 중국에서 정설로 받아들여지고 있다. 이옥은 서문에서 임경업 장군이 여진족에게 담배를 전해준 사실을 밝히고 있으면서도, 조선에서 중국으로 담배를 전파한 사실을 분명하게 인식하지 못한 것으로 보인다.

한편, 《야승(野乘)》❷에서는 선조 때의 학자인 윤격(尹格)의 언급을 전재하여, "공께서는 일찍이 '명종 말엽과 선조 초년에 담배가 처

오스키 겐타쿠의 《언록(薦錄)》에 삽화로 그려진 그림. 말레이반도에 위치한 말라카 왕국 사람들이 흡연하는 모습이다. 남자는 갈대로 만든 어른 키만 한 담뱃대를 들고 있고, 두 여인은 짧은 갈대로 만든 담뱃대를 쥐고서 담배를 피우고 있다.

음으로 나타났다. 그러더니 끝내는 임진왜란이 발생하였다. 광해군 말엽부터 금상(今上, 인조) 초엽에 사람들이 앞 다투어 뒤트기[3]를 입으니 북쪽 오랑캐와 통하게 될 조짐이 아닐까?'라고 말씀하셨다. 오래 지나지 않아 그 말이 과연 사실로 밝혀졌다"[2]는 기록

2_ 장서각 소장의 야사총서(野史叢書)로서 30권 30책이다.
3_ 창의(氅衣)를 속되게 이르는 말이다. 창의는 벼슬아치가 평상시에 입던 웃옷으로 소매가 넓고 뒤 솔기가 갈라져 있다.

이 보인다. 윤격의 말에 따르면, 조선에 담배가 등장한 시기는 상식에 비해 수십 년 앞선다고 볼 수 있다.

◎ 처음에는 담배를 엄하게 금지하였다. 그러나 수자리 사는 군졸들이 병들게 되자 마침내 금지하지 못했다.

이것은 중국에서 발생한 일이다. 조선 조정에서는 흡연을 금지하지 않았다. 왕포(王逋)가 《인암쇄어(蚓菴瑣語)》에서 "숭정(崇禎) 계미년에 명령을 내려 흡연을 금지하고, 민간에서 사사로이 연초를 재배하는 자를 도형(徒刑)⁴에 처했다. 그러나 이익은 무겁고 법은 가벼워서 백성들은 여전히 금령(禁令)을 무릅쓰고 재배하였다. 그 뒤에 다시 명령을 내려, 법을 어기는 자는 모두 참형(斬刑)에 처한다고 하였다. 그러나 오래 지나지 않아 군대에서 한질(寒疾)에 걸린 사람을 치료하지 못하자 마침내 금법(禁法)을 완화하였다. 내가 아이 때만 해도 담배란 것이 어떤 물건인지를 몰랐는데 숭정 말엽에는 우리 지역 곳곳에서 담배를 재배하였다. 삼척동자조차도 담배를 피우지 않는 사람이 없을 정도로 풍속이 갑자기 바뀌었다"❸고 했다.

◎ 담배가 처음 들어왔을 때는 담배 한 근 값이 말 한 마리 값이

4_ 죄인을 중노동에 종사시키던 형벌을 말한다.

나갔다.

이것 역시 중국에서 있었던 일이지 조선의 경우는 아니다. 왕포가
《인암쇄어》에서 "담뱃잎은 민(閩) 지역에서 나왔다. 변방 사람들
이 한질에 걸리면 이것이 아니면 고치지를 못했다. 산해관(山海關)
밖에서는 말 한 마리를 담뱃잎 한 근과 바꿨다"[❹]고 했다. 이옥이
말한 사실은 여기에서 나온 것으로 보인다.

2. 담배를 뜻하는 글자

◎ 담배는 명칭을 연(菸)이라고 한다. 조선에서는 남초(南艸)라고
부른다. 또 연다(烟茶)라고 부르기도 한다.

담배의 명칭은 매우 많다. 조선에서 특유하게 쓰인 담배의 명칭이
바로 남초(南艸), 남령초(南靈草)다. 담배의 명칭을 두고 지식인들
의 논의가 다양하게 펼쳐졌다. 정조도 책문(策問)에서 담배의 명칭
문제를 언급했다. 서유구는 《임원경제지》에서 연초(烟草)의 명품
(名品, 명칭과 품질)에 대해 "일명 연(菸)이라 하고, 일명 배초(排草)
라고 하며, 일명 담파고(淡巴菰)라 한다"고 소개했다.

한편, 애연가였던 서호수(徐浩修)는 《해동농서(海東農書)》에서 이
렇게 말했다. "담배는 본래 여송국에서 생산되었다. 중국에 유입
된 시기는 만력(萬曆)[5] 무렵이다. 민(閩)과 광동(廣東) 지역 사람들
이 처음으로 심었는데, 약간 누렇고 가는 것을 금사연(金絲烟)이라

오츠키 겐타쿠의 《언록》에 삽화로 그려진 그림. 인도 델리에 세워진 무갈 제국(大莫臥兒國) 여인이 화려한 몸치장을 하고서 긴 파이프로 수연(水煙)을 흡입하는 모습을 묘사하였다. 그림 속의 여인은 무갈 제국 국왕의 장녀로서 그녀가 물고 있는 파이프는 페르시아에서 황금으로 제조한 물건이라고 설명하였다.

불렀다. 우리나라는 왜국으로부터 담배를 얻었는데, 유구(琉球) 사람들이 우리나라에 사신으로 왔을 때도 담배가 조공(朝貢) 물품 가운데 들어 있었다. 대체로 이 물건은 남쪽 오랑캐〔南番〕 지역에서 나온 것이기에 세상에서는 남초(南草)라고 부른다. 그 가운데 가늘게 썬 것을 기삼이(岐三伊)라고 부르는데 이는 왜국말이다. 지금 관서 지방에서 심은 것이 품질이 좋은데 서초(西草) 또는 향초(香

5_ 명나라 신종(神宗)이 황제로 있던 시기로 1573년에서 1619년 사이다.

草)라고 부른다."❺

　◎ 시골에서는 담파고(淡巴菰)라고 부르는데, 담파고(痰破膏)라고
쓰기도 한다.

　　타바코(tabaco)라는 포르투갈어를 음차(音借)하여 일본인이 담바
　　고라고 부르기 시작했고, 조선에서도 비슷하게 사용했다. 이 말이
　　현재의 담배로 굳어졌다. 그 명칭은 담파고(痰破菰), 담파고(淡巴
　　菰), 담파고(淡巴苽), 담파고(淡巴姑), 담파고(淡芭菰), 담파고(淡婆
　　姑), 담파고(談婆枯), 담마고(談麻古) 등 다채롭다.

3. 담배의 신(神)

　담배를 가래를 없애는 약이라는 의미의 담파고(痰破膏)라고 쓰기
도 하지만 이는 잘못이다. 남만(南蠻)에 담박귀(淡泊鬼)라는 여자가
있었다. 그녀의 남편이 병이 들었는데 치료약을 구하지 못했다. 그
여자가 남편을 따라 죽으면서 "약이 되어서 병자를 구하기를 원한
다"고 맹세하였다. 이것이 바로 담배다. 이는 황제의 딸이 첨초(詹
艸)로 변신한 것과 같다.❻

　　이옥은 담배를, 가래를 없애는 약효를 지닌 풀이라는 의미를 담은
　　담파고로 보기를 거부했다. 대신에 그는 이 명칭을 신비한 전설이
　　담긴 여성을 뜻하는 용어로 보고자 했다. 담배에 얽힌 이와 비슷한

전설은 초기부터 아주 왕성하게 전해졌다. 청(淸)나라 학자인 유정기(劉廷璣)의 저서 《재원잡지(在園雜志)》에는 이러한 흥미로운 기사가 실려 있다.

"연초는 이름이 담파고다. ……산해관(山海關) 밖 사람들은 이 말이 고려국에서 있었던 일로부터 나왔다고 전해주었다. 그 나라의 왕비가 죽자 국왕이 너무 슬프게 통곡하였다. 어느 날 밤, 왕비가 꿈에 나타나 말해주었다. '무덤에 꽃이 하나 피어 있는데 그 풀이 연초랍니다. 그 형상을 자세히 말씀드리겠습니다. 그 풀을 따가지고 말려서 불을 붙여 태우고 그 연기를 들이마시면 슬픔을 그칠 수 있답니다. 이 풀은 근심을 잊게 만드는 풀입니다.' 국왕은 왕비의 말을 따라서 풀을 뜯었다. 드디어 이 풀의 품종이 세상에 전해져 지금은 온 천하에 모두 전해지게 되었다."❻

조선에서는 남만의 여인을 주인공으로 삼아 전하는 일화가 중국 북방에서는 고려국의 왕비로 탈바꿈하여 전해지고 있음을 알 수 있다. 여기서 중국 북방에 담배를 전파시킨 것이 조선이라는 증거를 잡을 수 있다.

6_ 중국 고대 신화에 신녀(神女)가 죽은 뒤에 풀이 되어서 사람을 미혹(迷惑)시킨다는 사연이 있다. 진(晉)나라 장화(張華)가 지은 《박물지(博物志)》 3권에는 특이한 풀을 기록해 놓았다. 그 가운데 "우첨산(右詹山)에는 황제의 딸이 첨초(詹草)로 변신한 풀이 있다. 그 잎은 무성하고, 그 꽃은 노란색이며, 열매는 콩과 같다. 이것을 먹는 사람은 남에게 매혹적인 사람으로 보인다(右詹山, 帝女化爲詹草, 其葉鬱茂, 其萼黃, 實如豆, 服者媚於人)"는 대목이 있다. 비슷한 내용이 《산해경(山海經)》 〈중차칠경(中次七經)〉과 《수신기(搜神記)》 14권에도 실려 전한다.

호랑이 그림. 19세기 그림으로 개인 소장 민화이다. 호랑이 입에 토끼가 긴 담뱃대를 물려주고 있다. 호랑이 담배 피우던 시절이란 상투어가 생길 정도로 담배가 서민 생활과 의식에 자연스럽게 녹아들어갔음을 보여준다. 비슷한 내용의 민화가 더 있다.

담배의 이름에 얽힌 전설이 이렇게 널리 확대되었으나 대개는 억지에 가깝다. 유득공은 이러한 억지로 부연한 전설이 만연된 것을 어학자의 입장에서 비판하였다. 그는《고운당필기(古芸堂筆記)》권 5의 〈담파고(淡婆姑)〉에서 이렇게 비판하였다.

"왜국에서는 담배를 담파고(淡婆姑)라 부르고, 잘게 썬 담배를 지삼이(支三伊)라고 부른다. 우리나라 사람의 말도 그와 같다. 이 연초가 본래 왜국에서 전래되었기 때문에 우리나라 사람들이 왜국 말을 배워 불러서 그리 되었다. 지금 사람들은 그것이 왜국말인 줄을 모르고 망령되이 해석하여 '담파고(淡婆姑)란 담파괴(膽破塊, 담膽에 생긴 덩어리를 부순다)라는 말이다. 담배에 담(痰, 가래)을 없애는 성질이 있기 때문이다. 지삼이(支三伊)란 진삼미(鎭三味)이다. 호남의 진안(鎭安)과 관서(關西)의 삼등(三登, 평안남도 강동군 일대)에서 나는 맛이 좋은 연초를 말하는 것이다'라고 말한다. 그들의 말은 그럴듯하지만 견강부회가 심하다. 예로부터 망령된 말 풀이가 대개 이렇다."❼

유득공은 아주 조리있게 해명하였다. 하지만 그 역시 담배가 포르투갈어에서 온 것까지는 인식하지 못했다.

4. 담배의 효과

◎ 택풍자(澤風子)가 이런 말을 하였다.

"담배는 배부른 사람은 배가 꺼지게 만들고, 배고픈 사람은 배부르게 만든다."

오츠키 겐타쿠의 《언록》에 삽화로 그려진 그림. 무갈 제국의 귀족부인이 욕실에서 황금 의자에 앉아 시녀들의 도움을 받아 페르시아 스타일의 수연(水煙)을 흡입하는 모습을 묘사하였다.

술에 취한 사람은 술에서 깨게 만들고, 술을 마시지 않은 사람은 취하게 만든다."

위대하도다, 담배의 효과여! 남쪽 나라 사람에게 빈랑(檳榔)나무 과일이 있는 것과 같다.

택풍자(澤風子)는 이식(李植, 1584~1647)의 호다. 현재 전하는 이식의 문집에는 이 말이 전하지 않는다. 이식이 했다는 이 말은 송나라 학자 나대경(羅大經)이 《학림옥로(鶴林玉露)》[7]에서 빈랑의 신통한 효험을 칭찬한 유명한 말을 담배에 적용해 표현한 것이다. 애연가로 유명한 장유의 《계곡만필(谿谷漫筆)》에는 이러한 대목이 있다.

"옛날에 남쪽 지방 사람들은 빈랑을 중시하여, '술에 취한 사람은 술에서 깨게 만들고, 술을 마시지 않은 사람은 취하게 만든다. 배고픈 사람은 배부르게 만들고, 배부른 사람은 배가 꺼지게 만든다'라고 말했다. 빈랑을 몹시도 좋아해서 칭송하고 찬미한 말이다. 남초를 즐기는 지금 사람들 역시, '배고픈 사람은 배부르게 만들고, 배부른 사람은 배가 꺼지게 만든다. 추운 사람은 따뜻하게 만들고, 더운 사람은 서늘하게 만든다'라고 말한다. 남초를 칭송한 말이 빈랑을 칭송한 말과 너무도 흡사하니 한바탕 웃음에 붙일 만하다."❸

그렇다면 장유가 한 말을 이식이 한 말로 저자가 잘못 기억하고 썼을 가능성도 있다. 《학림옥로》에는 이렇게 되어 있다.

"영남 사람들은 빈랑으로 차를 대신한다. 그리고 빈랑으로 풍토병을 막는다고 생각한다. 내가 이곳에 처음 왔을 때는 먹지를 못하다가 차차 먹을 수 있게 되었다. 한 해 남짓 머물게 되자 하루라도 이것이 없어서는 안 되게 되었다. 그로 인해 빈랑은 네 가지 공훈이

7_ 중국 남송 때의 학자 나대경(羅大經)이 지은 책으로, 시문을 논평하고 일화·견문 따위를 기록한 필기(筆記)로서 송나라 때의 문화를 이해하는 데 중요한 자료다.

있다고 생각했다. 첫째는 술을 마시지 않은 사람을 취하게 만든다. 빈랑을 오래 먹으면 벌겋게 얼굴이 붉어져 술을 마신 것처럼 변하기 때문이다. 둘째는 술에 취한 사람을 술에서 깨게 만든다. 술을 마신 뒤에 빈랑을 먹으면 술기운을 해독하고 가래를 내려가게 하며, 숙취를 갑자기 깨게 만들기 때문이다. 셋째는 배고픈 사람을 배부르게 만든다. 넷째는 배부른 사람을 배가 꺼지게 만든다. 공복에 빈랑을 먹으면 음식을 배불리 먹은 더부룩한 느낌이 들게 하고, 배부른 뒤에 먹으면 음식이 빠르게 소화되기 때문이다."❷

한편, 이러한 담배의 효과에 대해 이규경(李圭景) 역시 《오주연문장전산고(五洲衍文長箋散稿)》에서 "담배가 지닌 약효도 인정할 만하다. 빈랑의 네 가지 효과에 비한다면 과장인 듯하나, 추위를 막고 습기를 물리치며 기를 빠르게 소통시키고 골수에까지 퍼지게 하는 점은 틀리지 않다"❿면서 담배의 네 가지 효과를 빈랑에 빗대어 인정했다.

5. 담배의 성질

◎ 담배는 맛이 쓰고 맵다. 성질이 몹시 더우며 독성이 강하다. 기분이 답답하고 가슴에 얹힌 것이 있거나, 목구멍에 가래가 생기고 심사가 좋지 않은 증세를 주관한다. 그리고 일체의 근심스런 생각을 치료한다.

◎ 추위를 물리칠 수 있고, 악취를 몰아낼 수 있다.

◎ 담배의 독성에 중독이 되면 무즙을 이용하여 푼다.

6. 담배 애호가

◎ 담배가 처음 들어왔을 때 한담(韓菼)이 매우 좋아하였다. 누군가가 그에게 물었다. "술과 밥, 담배 가운데 부득이 꼭 버려야 할 것이 있다면 셋 중에서 무엇을 먼저 버리겠소?"

"밥을 버려야지요."

또 물었다.

"부득이 이 둘 중에서 버려야 할 것이 있다면 무엇을 먼저 버리겠소?"

"술을 버려야지요. 술과 밥은 없어도 되지만 담배는 하루라도 없을 수 없소."

> 애연가의 대표적 인물로 등장하는 한담(韓菼, 1637~1704)은 청나라 강희제 무렵 사람이다. 자는 원소(元少), 호는 모려(慕廬)로 장주(長洲) 출신이다. 경서에 능통하고 특히 과거문장을 잘해 장원급제하여 강희제의 신임을 얻었다. 후에 예부상서를 역임하였고, 저서에 《유회당문고(有懷堂文稿)》가 있다.
> 이 사연은 왕사진(王士禛)의 《분감여화(分甘餘話)》 2권에 실린 내용에 바탕을 두고 있으나 상당히 윤색되었다. 아주 널리 유포된 유명한 이야기다. 원전에 있는 내용을 다음에 그대로 옮겨 싣는다.
> "모려(慕廬) 한담은 담배와 술을 아주 즐겼다. 강희(康熙) 무오년(戊

午年, 1678)에 나와 함께 순천부(順天府)에서 무과시험을 주관하였
는데 술잔과 담배통이 손에서 떠나지를 않았다. 나는 장난삼아 그
에게 물었다. '두 가지 물건이 곰발바닥이나 물고기처럼 그대가
즐기는 것인 줄을 내 잘 알고 있소이다. 부득이하여 반드시 그만두
어야 한다면 둘 중에서 어느 것을 먼저 그만두겠소?' 모려는 머리
를 수그리고 한참을 생각하다가 '술을 그만두겠소'라고 대답하였
다. 많은 사람들이 모두들 와자하게 웃었다. 그 뒤에 나는 요려(姚
旅)가 쓴 《노서(露書)》를 보게 되었는데 '연초는 여송에서 나오는
것으로 본래 이름이 담파고다'라고 했다. 그 사실을 모려에게 말
해주었다. 모려는 그때 한림원사(翰林院事)와 교습서길사(敎習庶吉
士) 직책을 맡고 있었다. 그는 그 즉시 문인(門人)들에게 〈담파고가
(淡巴菰歌)〉를 지어 부르라고 명을 내렸다."⓫

담배를 싫어했던 이덕무(李德懋)는 《한죽당섭필(寒竹堂涉筆)》에
'담배, 고기, 술의 우열(煙肉酒)'이란 글을 남겼다. 이덕무의 글은
한담 이야기와 비슷한 내용과 구조를 보이고 있다. 그 내용은 다음
과 같다.

"우연히 여러 손님들과 함께 있었다. 손님들이 제각기 좋아하는
것을 말하게 되었다. 어떤 손님 한 분이 먼저 말을 꺼냈다.

"나는 담배와 술, 고기 세 가지를 모두 즐기지요."

내가 그 세 가지를 다 갖추지 못할 때는 어느 것을 버릴지 물었다.
그러자 그 손님이 대답했다.

"먼저 술을 버리고 다음엔 고기를 버리겠소."

내가 다시 그 다음에는 무엇을 버리겠느냐고 물었다. 손님은 눈을 휘둥그레 뜨고 똑바로 쳐다보면서 말했다.

"만일 담배를 버린다면 비록 살아 있다고 해도 무슨 재미가 있겠소?"" ⑫

7. 산지별 품평

◎ 관서(關西, 평안도)산 담배는 향기롭고도 달며, 산골짜기(강원도)산 담배는 평범하면서도 깊은 맛이 있다. 호남산 담배는 부드러우면서도 온화하다. 오로지 관북(關北)산 담배만이 몹시 맛이 강해 목구멍이 마르고 머리가 어질어질하다.

◎ 붉은색의 차진 흙밭에서 나는 담배는 맛이 있으면서도 맵고, 진흙밭에서 나는 담배는 건조하면서도 비린내가 난다.

◎ 묵은 재를 뿌린 밭에 심은 담배는 맛이 너무 좋아 그보다 나은 것이 없다.

8. 담배의 감별

◎ 평범한 흡연가는 담배를 직접 피워보고서야 맛을 알고, 노련한 흡연가는 코로 향기를 맡아보고서 바로 맛을 안다. 재주가 좋은 흡연가는 눈으로 보기만 해도 담배 맛을 안다.

◎ 덮어놓은 담뱃갑을 열었을 때 달고 향기로운 기운이 코를 찌르면 최상품이다. 매운 맛이 풍기는 것이 그 다음 품질이다. 털을 태우는 냄새가 나거나 비릿한 풀냄새가 나는 것, 그리고 아무런 냄

새가 나지 않는 것이 가장 나쁜 품질이다.

◎ 손으로 문지르면 꿀에 담근 양 진액이 배어나오고, 황금빛 가운데 붉은 색깔이 살짝 나타나는 불경이가 최상품이다. 부드럽고도 지네 다리처럼 붉게 갈라진 반불경이가 그 다음 품질이다. 푸르거나 검고, 노랗거나 흰 색깔을 가졌으며, 손으로 만지면 나비 날개를 만지듯 부서지는 것이 가장 나쁜 품질이다.

◎ 대체로 보아 색깔이 옅은 것은 맛이 담담하고, 두께가 얇은 것은 맛이 옅다.

9. 담배 모조품 변별법

◎ 담배 가운데 가장 귀한 것이 서초(西草), 즉 관서 지역의 담배다. 그런데 귀하기 때문에 가짜가 나돈다. 모양도 서초 그대로고 빛깔도 서초 그대로지만 오로지 향기와 맛은 서초가 아니다. 버리고 남은 담배를 잘 펴놓기도 하고, 서리나 우박을 맞혀 일찍 따기도 하며, 빗물에 씻기도 하고, 붉고 쪽빛이 나는 잎을 누렇게 만들어 내놓기도 한다. 하지만 모두가 피울 수 없는 담배다.

◎ 가짜 담배를 아주 잘 만드는 자가 있다. 엿을 고듯이 담배를 끓여 세 번을 물에 담가둔다. 거기에 감초 즙을 더하고 다시 박초(朴硝)[8] 물을 더한다. 그리고 화주(火酒, 소주)를 부어 적신다. 그렇게 만든 담배는 비록 가짜이긴 하지만 그 맛을 대적할 것이 없다.

10. 담배 값의 비교

◎ 때에 따라 값이 비싸지고 때에 따라 값이 싸지는 것이 물건값의 실태이다. 특히 담배는 다른 어떤 물건보다 그 차이가 심하다.

비싼 담배를 맛본 가장 극단적인 경우는 이렇다. 한양(漢陽)의 시장에서 동전 1문(文)[9]을 손에 쥐고 가서 담뱃잎을 반쪽으로 갈라 그 줄기를 가루로 내어 대통에 담아서 그 값을 정해본 적이 있는데 이것이 그 극단적인 경우다.

값이 싼 담배를 맛본 가장 극단적인 경우는 이렇다. 시장의 아이들이 광고하기를, 1전(錢)[10]이면 두 번씩 담배를 움켜쥐어도 되는데 엄지와 검지가 서로 닿지 않을 만큼 크게 잡아도 된다고 하였다.

◎ 관서의 담배 가운데 1칭(秤)[11]에 70전 하는 담배는 오로지 평양감사만이 맛본다.

11. 담배 맛 보강

◎ 먼 곳에서 가져온 담배나 오랫동안 보관한 담배는 굳어서 뻣뻣하게 된다. 그 담배를 쪼개면 돌덩이와 같고, 풀어헤치면 모래와

8_ 한방에서 초석(硝石)을 한 번 구워서 만든 약재다. 물을 만나면 바로 녹고, 다른 물건을 녹이는 성질을 가졌다. 피혁을 녹일 때 사용한다. 이뇨재로도 쓰인다.
9_ 조선시대의 화폐인 상평통보(常平通寶)의 단위. 100문은 1냥(兩)이고, 10냥은 1관(貫)이다.
10_ 조선시대의 화폐 단위로 10문이 1전이다.
11_ 칭(秤)은 무게의 단위로 1칭은 1근의 100배이다. 여기서는 저울 눈금이 한 자리 움직일 정도의 무게를 말하는 듯하다.

같다. 그럴 때는 바로 꿀물이나 화주를 담배 양쪽 끝에 적셔서 습기가 천천히 스며들도록 한다. 그러면 맛이 배나 더 좋다.

◎ 강한 맛이 너무 치오른 담배는 말린 대추의 살을 잘게 썰어 뒤섞으면 맛이 좋다. 혹은 연잎을 잘라서 뒤섞기도 하고, 향가루를 휘저어 태우기도 하는데 맛이 좋다.

◎ 담배가 없어 병이 난 사람은 상조(桑棗)[12] 잎이나 도꼬마리[13] 잎을 피우기도 한다.

12. 담배에 물 뿜기

◎ 질이 좋은 담배는 수분을 첨가하지 않아도 저절로 진액이 있다. 질이 좋은 담배를 뺀 나머지 담배는 물을 뿜어서 부드럽게 해주어야 한다.

◎ 담배가 수분이 너무 없으면 이파리에 손상이 가고, 수분이 너무 많으면 맛에 손상이 간다.

◎ 새벽에 담배를 펼쳐놓아 이슬을 맞도록 하는 것이 가장 좋다. 그리고 지대가 낮은 땅에 오랜 시간 놓아두어 습기를 배게 하는 것이 다음으로 좋다.

하지만 그렇게 할 수 없어 부득이 물을 뿜어주어야 할 경우에는 반드시 고르고 가늘게 물방울을 뿜어 좁쌀 크기의 방울이 맺히도

12_ 상조는 오디〔桑葚〕를 가리킨다. 여기서는 식물을 가리키는 것으로 보이나 구체적으로 무엇인지는 알 수 없다.
13_ 국화과에 속하는 일년생 초본식물로 그 잎은 약용으로 쓴다.

록 한다. 다시 잎을 뒤집어 반복한다. 그렇게 한 다음에는 두텁게 덮고서 가볍게 밟아준다. 그러면 잎 전체에 습기가 통해 부드럽고 적당할 것이다.

◎ 시장 사람들은 위에서 말한 방법대로 하지 않는다. 그들은 물을 적셔 무게를 늘리려고 하기 때문에 빗자루를 휘둘러 비처럼 물을 뿌린다. 시장에서 파는 담배가 모두 불이 잘 붙지 않고 맛이 없는 이유는 수분이 많기 때문이다.

13. 담뱃잎 펴기

◎ 잎사귀 하나하나를 뒤집어서 살펴보고 잎 다듬기를 정성껏 한다. 모래가 있으면 털어내고, 재가 묻었으면 쓸어내며, 먼지가 묻었으면 골라내고, 겨자같이 작은 먼지는 줍는다.

◎ 납거미[壁鏡][14]를 주의해야 하되 복어의 독을 조심하듯이 신중해야 한다. 조금이라도 실수가 있으면 사람을 죽인다.

◎ 담배의 큰 줄거리를 제거하고 모서리를 펴서 차곡차곡 쌓는다. 한 장의 두께를 고르게 하고 장마다 크기와 모양을 일정하게 하여 세 번 말아서 접는다. 큰 잎은 납작하고 넓게, 작은 잎은 길고 두껍게 한다.

◎ 왜국에서는 깨끗하고 얇게 가공한 종이를 한 권 한 권 쌓아놓듯이 담뱃잎을 포갠다. 붉은 끈으로 묶기만 하고 바닥에 까는 작업

| 14_거미의 일종으로 독충이다.

은 하지 않는다.

14. 담뱃잎 썰기

◎ 시장 사람들은 작두를 사용하고 일반 가정에서는 칼을 사용한다. 회를 치듯이 써는데 아무리 가늘더라도 나쁘지 않다.

◎ 실오라기나 머리털 같은 것이 최상품이고, 꿀이나 여물 같은 것이 그 다음 품질이며, 쌀겨나 쌀알 같은 것이 그 다음 품질이고, 나물 같은 것이 최하품이다. 나물처럼 썰어놓으면 사람들이 반드시 국거리냐고 물었다가 불을 붙일 담배라는 대답을 들으면 깜짝 놀랄 것이다. 그렇다면 잘못 가공한 것이다.

15. 담뱃잎 보관하기

◎ 잎담배를 보관할 때는 두껍게 감싸고 단단하게 묶어 사람이 서 있는 것처럼 세워서 꽂아둔다. 위로는 비가 새는 것을 막고, 아래로는 습기가 차는 것을 막으며, 쥐가 구멍을 뚫는 것을 막고자 해서이다.

◎ 썰어놓은 잎을 보관하기로는 자기로 만든 독이 가장 좋고, 나무궤짝이 그 다음이며, 종이로 감싸두는 것이 그 다음이다.

◎ 처음부터 끝까지 바람에 쐬는 것을 가장 꺼린다. 바람을 조심하지 않으면 말라서 맛이 쓰다.

◎ 담뱃잎이 빼곡하게 들어차 있는 장소에서는 하얗게 곰팡이가 날 수 있다. 곰팡이가 나더라도 큰 문제는 없으나 썩으면 맛이 변

담배 썰기 그림. 김홍도, 《단원풍속도첩》, 국립중앙박물관 소장. 담배를 가공하는 모습을 담은 명작이다. 작두로 담배를 가늘게 썰고 있는 사람 앞에서 한 남자가 담배를 보관하는 궤짝에 기대서서 그 모습을 지켜보고 있다. 앞쪽 오른편에서는 담뱃잎을 갈라 가운데 줄기를 빼내고 있다. 왼편에서 부채를 부치는 사람은 수확량이나 가격 등이 적힌 장부를 뒤적이는 것으로 보인다. 담배산업이 주요한 경제활동의 하나로 부각된 상황을 엿보게 한다.

질된다.

16. 담뱃잎을 대통에 채우기

◎ 대통에 담뱃잎을 채울 때는 마음속으로 도토리 크기만큼 가늠하여 채운다. 대통 밑바닥을 고르게 하여 연기 구멍을 막지 않도록 하고, 대통의 꼭대기에 놓인 잎을 고르게 펼쳐서 주둥아리가 볼록 솟아나지 않도록 만든다.

◎ 진액이 묻어나는 잎은 털어서 듬성듬성 채우고, 메마른 잎은 그러모아 빽빽하게 채우며, 흩어진 잎은 다져넣어 단단하게 뭉치게 한다.

◎ 잎이 심하게 말랐을 경우에는 갈고리로 들춰내어 세 번 정도 입김을 불어넣으면 묘한 맛이 난다.

17. 담뱃불 붙이기

◎ 담뱃불을 붙일 때는 부싯깃〔火茸〕 불이 가장 좋고, 작은 불티〔星星火〕가 그 다음 좋으며, 벌건 숯불〔紅炭火〕이 가장 나쁘다. 땔나무 불이 그보다 더 나쁘고, 등불과 촛불은 그보다 더 나쁘며, 뜬숯[15]에서 나는 불은 나쁜 중에도 나쁘다. 숯과 땔나무에서 불꽃이 일어나, 담배에 불이 붙기 전에 대통을 뜨겁게 데우기 때문이다.

등불과 촛불은 대통을 굽기만 할 뿐 불이 붙지 않는다. 엉뚱하게

15_ 장작을 때고 난 뒤에 꺼서 만든 숯. 또는 피었던 참숯을 다시 꺼놓은 숯.

대통이 설대[16]로부터 벗겨져서 담배와 기름을 버리게 만든다. 뜬숯불은 향기롭고 맛이 좋은 담배를 모두 쌀겨 맛이 나도록 바꾸므로 아주 좋지 않다.

◎ 불을 한곳에 치우쳐 붙이면 기와를 굽는 가마처럼 불이 깊숙이 들어가고, 불을 넓고 고르게 붙이면 들불처럼 원을 그리며 붙는다. 담배를 빨리 태우거나 천천히 태우는 데는 불이 가장 큰 영향을 미친다.

18. 담배 피우는 법

◎ 이로 물부리를 물어서 고정시키되 쇠가 움푹 파이도록 물어서는 안 된다. 입술로 풀무질을 해서 열었다 닫았다 뻐끔뻐끔 피운다. 어린아이가 젖을 빨듯이 하면 안 되고, 물고기가 물거품을 뿜어내듯이 하면 안 된다. 한 번은 숨을 내쉬고 한 번은 숨을 들이쉬며, 입술을 닫았다가 다시 열면 그 맛이 끝이 없다. 이 모든 것은 직접 체득해야 한다.

◎ 때로는 입안에 연기를 머금은 채 토해내지 않고서 진기(眞氣)를 묵묵히 움직이다가 콧구멍으로 분출하면 머리가 상쾌해지는데, 그 오묘한 기분은 말로 다 표현할 수 없다.

| 16_ 담배통과 물부리 사이에 끼워 맞추는 가느다란 대로, 담배설대라고도 한다.

담뱃불 붙이기. 작자미상, 《풍속화첩》, 국립중앙박물관 소장. 서민이 산비탈 아래 지게를 괴어놓고 털썩 주저앉아 있다. 입에는 곰방대를 가로 물고 쌈지에서 부시를 꺼내 불을 붙이고 있다. 벙거지를 써서 얼굴이 제대로 드러나지 않은 채 담배를 피우는 서민의 휴식장면이 인상적이다.

19. 연통연(烟洞烟)의 소개

담뱃잎을 차곡차곡 두텁게 겹쳐놓고 단단히 말아서 작은 원통처럼 만든다. 원통의 지름은 대통의 아가리 크기에 맞추고, 길이는 만드는 사람 손에 맡긴다. 그것을 대통 위에 단단히 꽂아넣는다. 그러고서 꼭대기에 콩알만 한 불씨를 올려놓고 빤다. 그 맛이 잘게 썬 담배보다 뛰어나서 한 대가 다른 담배 석 대와 같다. 이것을 시골에서는 연통연(烟洞烟)이라 부른다.

담배의 경전, 셋째 권

烟
經

공자께서는 "장인(匠人)이 일을 잘 하고자 한다면 반드시 먼저 도구를 쓸모있게 만들어야 한다"고 하셨다.[1] 천하만사(天下萬事)에 도구 없이 할 수 있는 일이란 없다. 항상 먹는 한 끼의 밥에도 반드시 주발과 밥상, 숟가락과 젓가락이 필요한 법이고, 늘 마시는 한 잔 술에도 반드시 술병과 술독, 술잔과 소반이 필요한 법이다. 일을 잘 하고자 하여 반드시 먼저 도구를 쓸모있게 만들고자 애쓰는 사람이 어찌 장인뿐이겠는가? 이것이 바로 채양(蔡襄)이 《다록(茶錄)》 하편(下篇)에서 다구(茶具)를 큰 비중을 두어 설명한 이유이다.

담배에 소용되는 도구가 다구보다 결코 못하지 않다. 내가 권을 하나 따로 만들어 서술하는 까닭이 여기에 있다. 담배 써는 칼과 담배합을 바탕으로 하여 그 밖에 부젓가락과 부시까지 밝혀서 쓰는 이유는 모두가 담배를 피우는 데 유용한 도구이기 때문이다. 이 또한 도구를 쓸모있게 만들어야 한다는 취지에서 나온 것이다.

1. 담배를 써는 작두와 칼

◎ 시장에서 담배를 썰 때 사용하는 도구는 작두이고, 들녘에서 담배를 썰 때 사용하는 도구는 칼이다. 작두는 모가지가 길고 등 부분이 두터운 것이 우수한 반면, 칼은 두께가 얇고 면이 넓은 것이 우수하다.

◎ 작두나 칼은 잠시도 숫돌 곁을 떠나 있어서는 안 된다. 담배를

1_《논어》〈위령공(魏靈公)〉 편에 나오는 공자의 말이다.

써는 도중에도 다시 갈아야 하기 때문이다. 칼이 예리하지 않으면 잘게 썰어지지 않는다.

◎ 칼날이 예리해 조심스럽게 일하지 않으면 손가락에 상처가 날 수도 있다.

2. 써는 데 따른 담배의 품질

◎ 시장에서 칼로 담배를 썰 때는 꼭 도마를 사용하고, 그 도마를 담요나 가죽으로 받친다. 반면에 일반 가정에서 담배를 썰 때는 일정한 도구 없이 아무 나무나 가져다가 그 위에서 담배를 썬다. 그때 나무가 너무 뻣뻣하면 칼날을 상하게 하고, 너무 부드러우면 하얀 가루가 생긴다.

◎ 톱을 사용하여 다섯 치 두께로 나무 그루터기를 잘라내고 그것을 세워 틀을 만든다. 그러면 칼날 끝도 망가지지 않고, 도마에도 아무런 흔적을 남기지 않는다.

3. 대통[2]

◎ 대통[杯]의 품질은 백동(白銅)이 최상품이고, 황동(黃銅)이 그 다음이다. 홍동(紅銅, 赤銅)이 또 그 다음이고, 무쇠가 그 다음이다.

◎ 대통의 제작법을 보면, 작은 구멍은 바람이 잘 통할수록 좋고, 젖꼭지 부분[乳]은 가늘수록 좋으며, 몸통은 크고 깊을수록 좋다.

2_ 담뱃대 앞부분의 구부러진 끝에 담배를 담는 작은 통.

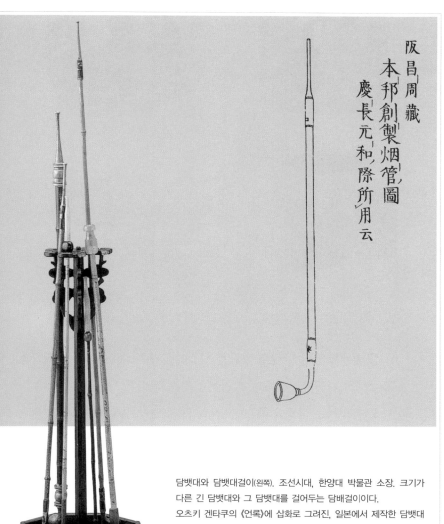

阪昌周藏
本邦創製烟管圖
慶長元和際所用云

담뱃대와 담뱃대걸이(왼쪽). 조선시대, 한양대 박물관 소장. 크기가
다른 긴 담뱃대와 그 담뱃대를 걸어두는 담배걸이이다.
오츠키 겐타쿠의 《언록》에 삽화로 그려진, 일본에서 제작한 담뱃대
(오른쪽). 이 담뱃대는 키세루로서 말레이 반도에서 들어온 담뱃대
를 일본인이 변형하여 만들었다. 키세루는 조선, 중국, 필리핀 등지
에서 가장 널리 이용된 흡연도구로 발전하였다.

여러 종류의 대통 받침대. 한양대 박물관 및 서울 역사 박물관 소장. 장죽으로 담배를 피울 때 대통을 받치던 도구로 유기와 나무로 만들었다. 형태가 다양하고, 각 종 무늬와 문자를 새겨넣었다. 이옥의 지적처럼 사치를 숭상하여 기묘한 모양으로 만드는 풍조가 성행하였다.

◎ 대통의 모양은 배추 줄기처럼 죽 뽑아 만든 것, 연밥처럼 배가 불룩하게 만든 것, 상수리 깍지처럼 움푹 파이게 만든 것이 있다. 네모나게 만든 것도 있고, 여섯 모가 나게 만든 것도 있다. 세 겹으로 만들되 은과 구리를 사이에 섞은 것도 있고, 은으로 테두리를 두른 것도 있으며, 은으로 대를 만든 것도 있다. 은으로 꽃을 아로새긴 것도 있고, 은으로 수(壽) 자와 복(福) 자를 전서(篆書)[3] 글자체로 새겨넣은 것도 있다.

◎ 풍속이 사치로 나아가고 장인들의 솜씨가 교묘해지면서 신기함을 다투고 교묘한 모양을 숭상한다. 따라서 그 제작법이 한두 가

지가 아니므로 일일이 다 들지 못한다.

◎ 대체로 지나치게 섬세한 것은 부녀자들이 지니기에 적합하고, 지나치게 화려한 것은 협객(俠客)들이 지니기에 적합하며, 지나치게 큰 것은 가마꾼들이 지니기에 적합하다. 사치스럽지도 않고 그렇다고 촌스럽지도 않은 대통, 그다지 과하게 꾸미지 않은 수수한 대통, 구멍이 잘 뚫려서 막히지 않고 담배를 잘 받아들이는 대통, 이런 물건이 좋은 품질이라고 할 수 있다.

◎ 그 밖에 특이한 제품으로는 주발처럼 켜켜로 쌓아 만든 대통도 있고, 찬합처럼 덮개를 덮은 대통도 있다. 수레처럼 바퀴가 달려 있는 대통도 있고, 매우 커서 한 줌이나 되는 담배를 담을 수 있는 대통도 있다.

◎ 오로지 법랑(琺瑯)⁴ 그릇으로 꽃을 새겨넣은 것은 사용할 수 없다.

4. 담배설대

◎ 담배 연기가 오고가기 위해서는 담배설대를 통로로 삼아야 한다. 이 설대가 지나치게 짧으면 담뱃불에 가까워서 담배 맛이 나지 않고, 지나치게 길면 담배를 피우는 데 방해를 많이 받는다. 거듭 말하자면, 피우는 자세가 오만해보이는 것이 한 가지 이유요, 쉽

3_ 고대의 한자 서체(書體).
4_ 환하지 못한 유리 성질의 물체.

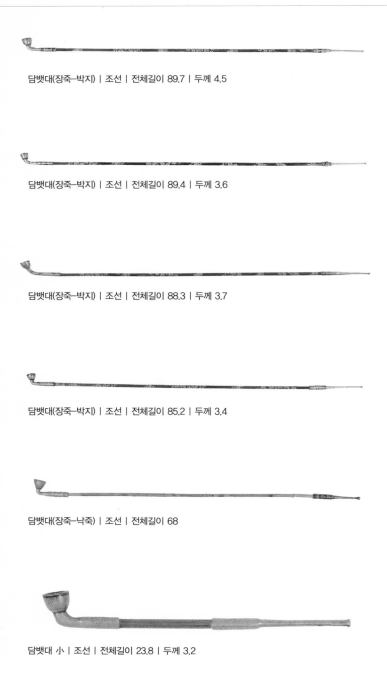

담뱃대(장죽-박지) | 조선 | 전체길이 89.7 | 두께 4.5

담뱃대(장죽-박지) | 조선 | 전체길이 89.4 | 두께 3.6

담뱃대(장죽-박지) | 조선 | 전체길이 88.3 | 두께 3.7

담뱃대(장죽-박지) | 조선 | 전체길이 85.2 | 두께 3.4

담뱃대(장죽-낙죽) | 조선 | 전체길이 68

담뱃대 小 | 조선 | 전체길이 23.8 | 두께 3.2

다양한 조선시대의 담뱃대. 서울 역사박물관 소장.

게 부러지는 것이 한 가지 이유요, 자주 목이 메는 것이 한 가지 이유다.

◎ 벼슬자리에 있지 않은 양반과 늙지 않은 남자가 자신의 키만큼 큰 설대를 사용하면 남들이 도리어 부끄러운 짓거리로 여긴다. 아무리 커도 넉 자를 벗어나지 않고 아무리 짧아도 3지(咫)[5] 이내가 되지 않아야 적절한 길이라고 할 수 있다.

◎ 화반(花斑)[6]이 최상품이고, 촉절(促節)[7]이 그 다음이며, 조죽(皂竹)[8]이 또 그 다음이며, 백죽(白竹)이 최하품이다.

◎ 화반이 좋기는 하지마는 다섯 가지 색깔의 무늬가 비늘처럼 깔려 빈 바탕이 없다. 그러므로 지나치게 사치스러운 점이 조심스럽다. 차라리 자줏빛 바탕에 붉은 매화를 점처럼 그려넣고, 노란 바탕에 복사꽃 두세 송이를 점처럼 그려넣은 것이 더 낫다.

◎ 촉절은 내구성이 있기는 하나 담뱃진이 거꾸로 나가는 것을 막는 단점이 있다.

5. 담배쌈지

◎ 쌈지는 종이나 비단으로 만든다. 기름을 먹인 사라지로 자낭(子囊)[9]을 만든다. 또 복판을 둥그스럼하게 하여 해낭(亥囊)을 만들

5_ 길이의 단위로 1지(咫)는 여덟 치이다.
6_ 얼룩덜룩한 무늬가 있는 대.
7_ 마디가 짧은 대.
8_ 검은 빛깔의 대.
9_ 길쭉하게 늘어진 모양의 비단 주머니.

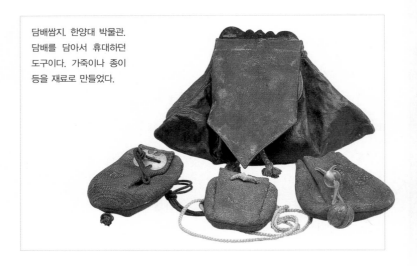

담배쌈지. 한양대 박물관.
담배를 담아서 휴대하던
도구이다. 가죽이나 종이
등을 재료로 만들었다.

기도 한다.

◎ 기름을 두텁게 먹여서 응고시킨다. 그러면 담배잎이 촉촉하여 마르지 않는다. 비단으로 겉을 싸서 닳거나 구멍이 뚫리는 것을 막는다.

◎ 중국 사람들은 주머니를 차고 다니면서 향과 차, 약과 담배를 가리지 않고 넣는다. 주머니를 네 개도 차고 여섯 개도 찬다. 그러나 동방 사람들은 그런 행태를 부끄럽게 생각하여 쌈지를 차고 다니지 않는다. 시골 사람이거나 가난뱅이거나 신분이 천한 사람만이 쌈지를 차고 다닌다.

◎ 가는 뼈를 붉은 별 모양으로 만들어 매달고 만지작거리는 것이 바로 저잣거리 아이들이 뽐내는 사치다.

대쾌도(大快圖) 부분. 유숙(劉淑), 1846, 서울대 박물관 소장. 사람들이 모인 장소를 그린 그림에는 으레 담배를 피우는 사람들이 등장한다. 택견과 씨름이 벌어진 성곽 밑에서 들병장수가 술을 팔고 있다. 그 앞에서 짧은 곰방대를 문 사람이 술을 마시려 하자 친구가 말리고 있다.

후원유연(後園遊宴) 부분. 김홍도, 《사계풍속도병》 제3폭, 프랑스 기메박물관 소장. 고귀한 신분의 주인 앞에서 악사들이 음악을 연주하고 기생들이 둘러앉아 있다. 친구는 담배를 물고 있고, 주인 앞에는 장죽과 화로, 연대(烟臺)가 놓여 있다. 담배는 사람들의 사교에서 빠질 수 없는 물건이었다.

6. 담뱃갑

◎ 평양에서 만든 것이 최상이고, 송도(松都)와 전주에서 만든 것이 그 다음이며, 한성(漢城)에서 만든 것이 또 그 다음이다.

◎ 귤껍질처럼 주름을 잡기도 하고, 연잎처럼 녹색으로 만들기도 한다. 어느 것이든 유리처럼 맑고 노루 가죽처럼 부드러운 것을 선택한다.

◎ 자줏빛 비단으로 담뱃갑 주둥이의 단을 대기도 하는데 아름답다. 푸르고 검은 베로 담뱃갑에 옷을 입히고 매듭을 묶기도 한다.

7. 담배합

◎ 무늬목에 황동으로 치장한 것, 황동에 꽃을 새긴 것이 있다. 또 유철(油鐵)[10]에 은색 꽃을 새긴 것, 검은 옷칠을 한 나무에 나전칠기를 상감으로 새긴 것이 있다. 이렇듯 제품은 한둘이 아닌데 주로 지위가 높은 사람들이 사용한다.

8. 화로

◎ 화로의 모양은 한두 가지가 아니라 제각기 쓰임새에 따라 다르다. 담배를 피우는 데 쓰는 화로는 작은 것을 귀하게 여기고, 가벼운 것을 귀하게 여기며, 깊숙하게 파인 것을 귀하게 여긴다. 화로가 작으면 차지하는 자리가 넓지 않아서 좋고, 화로가 가벼우면 좌

10_ 미상. 놋쇠를 뜻하는 유철(鍮鐵)일 가능성도 있다.

담배합. 조선시대, 한양대 박물관 소장. 석재로 만든 담배합이다. 이 옥은 화려한 고급 담배합은 고귀한 사람들이 사용한다고 하였다.

우로 옮기기 편리해서 좋으며, 깊숙하게 파인 것은 불씨를 지속할 수 있어서 좋다.

　◎ 붉은 불씨를 한 덩이 덮어놓으면 한나절이나 한밤을 날 수 있는 것이 좋다.

　◎ 중국 사람들은 담배와 향을 피우는 사람이 많아 화로에 신경을 쓰지 않아도 된다.

9. 부젓가락

　◎ 밑동은 둥글고 윗동은 네모난 모양이다. 식사에 쓰는 젓가락보다 길고 고리를 달아 이었다. 모양이 어떻든지 재를 헤치고 덮는데 쓸 수만 있다면 좋다.

◎ 쇠로 만든 젓가락을 쓰기도 한다.

10. 부시(火刀)[11]

◎ 다른 이름은 불낫〔火鎌〕[12]이고 우리말로는 부시〔火鐵〕다.

◎ 담배를 피울 때 부시를 사용하여 불을 피우면 담배 맛이 가장 좋다.

◎ 간혹 작은 향합에 넣어서 보관하기도 하고, 쌈지에 싸서 주머니로 차기도 한다.

◎ 밤에 사용하기에 적절하고, 비 내릴 때 사용하기에 적절하며, 길을 나설 때 사용하기에 적절하므로 없어서는 안 될 물건이다.

◎ 부시는 세 가지 형태가 있다. 둥근 바람구멍이 있는 것, 북두칠성 모양의 바람구멍이 난 것, 만자(萬字) 모양의 구멍 두 개가 난 것이 있다. 또 얽혀 있는 구리 용 두 개를 붙이되, 불을 붙이는 칼날을 덧붙인 것도 있고, 첨(籤)[13]대와 같은 타원형 모양에 칼날 두 개를 나오게 한 것도 있다.

◎ 옛날에는 남자들이 화경〔金鏡〕을 차고 다녔다. 화경이란 부수(夫鏡)로서 같은 부류의 물건이다.[14]

◎ 대체로 부시를 쳐서 불을 내는 법은 생긴 모양보다는 성질이

11_ 부싯돌을 쳐서 불을 일으키는 쇳조각. 화철(火鐵)은 불+쇠로 부시를 가리킨다.
12_ 불을 붙이는 공구로 쇠붙이로 만들었다. 그 생김새가 낫과 같이 생겨서 불낫이라고 했다.
13_ 책장 사이나 포개어놓은 물건 틈에 끼워서 표하는 데 쓰는 얇은 댓조각.

휴대용 담배합. 조선 후기, 역자 소장. 오목(烏木)으로 만든 휴대용 담배합과 그 뚜껑이다. 여기에 잎담배를 채워넣어 끈으로 허리춤에 달고 다녔다.

좋아야 하고, 성질보다는 부싯돌이 좋아야 하며, 부싯돌보다는 사람이 어떻게 치느냐에 달려 있다.

11. 부싯깃(火茸)[15]

◎ 수리취[16]가 아주 좋다. 두터운 종이를 피마자기름에 적셔서 불

14_ 화경(火鏡)은 햇볕을 쬐어 불을 내는 기구이고, 부수(夫燧)는 태양 아래에서 불을 얻는 요철로 된 구리거울이다. 햇볕 아래 거울을 놓고 원주의 중심에 햇볕을 모아 오래되면 온도가 올라간다. 그때 쑥을 놓아두면 불이 일어난다. 햇볕으로 불을 얻는 것이므로 양수(陽燧)라고도 한다.

15_ 부시를 칠 때 불씨를 받아서 불을 붙이는 물건.

16_ 국화과의 여러해살이풀로 한국의 산이나 들에 난다. 그 잎은 부싯깃으로 쓰는데 이것을 수리취깃이라고 부른다.

에 태운 재가 좋다. 메밀짚을 불에 태운 재가 좋고, 담배 대궁이 재
는 불을 붙이기 쉽고 불이 천천히 꺼진다. 명아주 재는 풀냄새가 있
고, 박초(朴硝)[17] 물은 너무 빨리 불이 꺼지고 사람을 상하게 한다고
어떤 이는 말하기도 한다.

　◎ 부시를 치는 솜씨가 기막히게 좋은 사람은 낡은 종이나 먹물
에 젖은 종이라도 모두 잘 사용한다.

　◎ 부싯깃을 민첩하게 대지 않으면, 별똥별처럼 사라지고 번개
처럼 재빠른 불똥이 튀기 때문에 제아무리 잘 받는다 해도 다시 재
가 되어버린다. 부싯돌은 그 날카로움을 잃어버리고, 쇠로 불을 붙
이기가 어려우며, 사람은 팔뚝이 상하게 된다.

　◎ 부싯돌은 중국 것이 조선 것보다 낫고, 흰 색깔이 누런 색깔보
다 나으며, 붉은 색깔이 푸른 색깔보다 낫다. 또 부드러운 것이 단
단한 것보다 나으며, 둥그스름한 것이 네모난 것보다 낫다.

12. 연대(烟臺)

　◎ 담배는 재가 되고, 재는 곧 먼지가 되며, 먼지는 곧 사람을 더
럽힌다. 그 형세가 그렇게 될 수밖에 없다. 따라서 작은 그릇을 마
련하여 판자로 만든 뚜껑으로 덮고 여닫게 한다. 이 판자에는 구멍
을 뚫어서 담뱃재가 드나들게 만든다. 그 한 면을 움푹 파서 담배를
편안히 걸치게 한다. 이것을 세상에서는 재떨이〔灰䕯〕라고 부르는

17_ 담배의 경전 둘째 권 각주 8번에 나온다.

데 실은 연대(烟臺)이다.

◎ 담배를 피우는 사람에게 연대가 없으면 앉은 자리에 불에 탄 자국이 나고 옷은 잿빛으로 변한다. 담배를 털어서 화로에 넣으면 독한 불꽃이 피어 푸르스름한 연기가 난다.

◎ 혹은 유기(鍮器, 놋그릇)로 대야처럼 주조하기도 한다.

담배의 경전, 넷째 권

烟
經

주자(朱子)는 사물의 이치를 논하는 자리에서 "꽃병에는 꽃병의 이치가 있고, 촛불 등롱에는 촛불 등롱의 이치가 있다"[1]고 말씀하셨다. 이른바 이치라는 것은 이렇게 하면 되고 이렇게 하면 안 되며, 이렇게 하면 좋고 이렇게 하면 좋지 않은 것을 일컫는다. 그렇다면 담배를 피우는 행위가 그저 한가하고 여유로운 일 하나에 지나지 않지만 꽃병이나 촛불 등롱에 비교하면 오히려 더 긴요한 물건이라 할 수 있다. 그러니 어찌 담배를 피우는 행위에 이치가 없겠는가?

일찍이 원굉도(袁宏道)가 편찬한 《상정(觴政)》을 살펴보았더니, 음주의 정취와 맛에 방해되는 사실과 적합한 사실을 전문적으로 논한 저술이었다. 담배도 술과 같은 부류로 그 이치가 술과 더불어 큰 차이가 없다. 따라서 담배를 피우는 이치를 논해서 이 책의 끝에 붙인다.

원굉도(袁宏道, 1568~1610)는 명대 후반의 저명한 소품작가로 자는 중랑(中郎), 호는 석공(石公)이다. 1606년에서 1607년 사이에 술

1_ 여기에 주자의 말로 인용한 대목은 《주자어류(朱子語類)》 97권에 나온다. "선생께서 '사물마다 모두 본성이 있고, 따라서 모두 그 이치가 있다'고 말씀하시자 제자가 '말라버린 사물에도 이치가 있습니까?'라고 물었다. 그러자 선생께서 대답하셨다. '말라버린 것을 굳이 따질 것 없다. 그것도 본래 모두 도리(道理)를 지니고 있다.' 그러고서는 책상 위에 놓인 꽃병을 손가락으로 가리키면서 말씀하셨다. '꽃병에는 꽃병의 도리가 있고, 서등(書燈)에는 서등의 도리가 있다(花瓶便有花瓶底道理, 書燈便有書燈底道理).'"

을 마시는 멋과 행위를 문학적으로 묘사한 《상정(觴政)》을 썼다. 원굉도 자신은 술을 잘 마시지 못했지만 술자리는 즐거워했다고 한다. 이 저술은, 첫 번째 술자리를 주관하는 사람〔一之吏〕, 두 번째 술꾼〔二之徒〕, 세 번째 술 마시는 태도〔三之容〕, 네 번째 술 마시는 환경〔四之宜〕, 다섯 번째 술 마시는 분위기〔五之遇〕, 여섯 번째 술 마시는 조건〔六之候〕, 일곱 번째 음주자의 대결〔七之戰〕, 여덟 번째 공경할 술 선배〔八之祭〕, 아홉 번째 술꾼의 전형〔九之典刑〕, 열 번째 술꾼이 보아야 할 고전〔十之掌故〕, 열한 번째 술버릇 징벌〔十一之刑書〕, 열두 번째 술 맛 평가〔十二之品題〕, 열세 번째 술잔〔十三之杯杓〕, 열네 번째 술안주〔十四之飮儲〕, 열다섯 번째 멋진 술자리〔十五之飮餙〕, 열여섯 번째 술 맛을 돋우는 기구〔十六之歡具〕, 부록 술친구 평가〔酒評〕의 순서로 되어 있다. 이렇게 항목별로 내용을 서술하는 방식은 이옥의 저서와 아주 흡사하다. 단행본으로 된 이 책은 특별한 주제를 색다르게 묘사하는 글쓰기의 전형을 보여주면서 한국과 중국, 일본에서 널리 읽혔다.

1. 담배의 쓰임새

첫째, 밥 한 사발을 배불리 먹은 뒤에는 입에 마늘 냄새와 비린내가 남아 있다. 그때, 바로 한 대를 피우면 위(胃)가 편해지고 비위(脾胃)가 회복된다.

둘째, 아침 일찍 일어나 미처 양치질을 하지 않아서 목에 가래가 끓고 침이 텁텁하다. 그때, 바로 한 대를 피우면 씻은 듯 가신다.

시름에 잠겨 담배를 피우고 있는 여인. 이재관(李在寬), 소장처 미상. 시름에 잠긴 여인이 장죽을 물고 있는 고독한 모습이 인상적이다. 여인이 긴 담뱃대를 물고 있는 모습은 일종의 성적인 상징으로 많이 그려졌다.

셋째, 시름은 많고 생각은 어지러우며, 하릴없이 무료하게 지낸다. 그때, 천천히 한 대를 피우면 술을 마셔 가슴을 씻은 듯하다.

넷째, 술을 너무 많이 마셔 간에 열이 나고 폐가 답답하다. 그때, 서둘러 한 대를 피우면 답답한 기운이 그대로 풀린다.

다섯째, 큰 추위가 찾아와 얼음이 얼고 눈이 내려 수염에도 얼음이 맺히고 입술이 뻣뻣하다. 그때, 몇 대를 연거푸 피우면 뜨거운 탕을 마신 것보다 낫다.

여섯째, 큰비가 내려 길에는 물이 넘치고 습기로 눅눅하여 자리와 옷에는 곰팡이가 핀다. 그때, 여러 대를 피우면 기분이 밝아져서 좋다.

일곱째, 시구(詩句)를 생각하느라고 수염을 비비 꼬고 붓을 물어뜯는다. 그때, 특별히 한 대를 피우면 피어오르는 연기를 따라 시가 절로 나온다.

2. 담배를 피우기 적절한 때

달빛 아래서 피우기 좋고, 눈이 내릴 때 피우기 좋다.

비가 내릴 때 피우기 좋고, 꽃 아래에서 피우기 좋다.

물 위에서 피우기 좋고, 다락 위에서 피우기 좋다.

길을 가는 중에 피우기 좋고, 배 안에서 피우기 좋다.

베갯머리에서 피우기 좋고, 측간에서 피우기 좋다.

홀로 앉아 있을 때가 좋고, 친구를 마주 대하고 있을 때가 좋다.

책을 볼 때가 좋고, 바둑을 두고 있을 때가 좋다.

붓을 잡고 있을 때가 좋고, 차를 달이고 있을 때가 좋다.

3. 흡연을 금하는 때

첫째, 어른 앞에서 피워서는 안 된다.

둘째, 아들이나 손자가 아버지나 할아버지 앞에서 피워서는 안 된다.

셋째, 제자가 스승 앞에서 피워서는 안 된다.

장터길. 김홍도, 《단원풍속도첩》, 국립중앙박물관 소장. 말을 타고 시장에 가는 서로 다른 연령층의 남자들이 모두 곰방대를 물고 있다. 담뱃불을 붙이고, 부시를 치며, 담배를 빨고 있는 사람들의 상이한 표정이 생동감있게 그려졌다. 이옥은 "입술로 풀무질을 해서 열었다 닫았다 뻐끔뻐끔피운다"고 했지만 볼이 움푹 들어가게 담배를 피우는 서민들의 모습을 묘사했다.

넷째, 천한 자가 귀한 자 앞에서 피워서는 안 된다.

다섯째, 어린 자가 어른 앞에서 피워서는 안 된다.

여섯째, 제사를 지낼 때 피워서는 안 된다.

일곱째, 대중들이 모인 곳에서 혼자 피워서는 안 된다.

여덟째, 다급한 때 피워서는 안 된다.

아홉째, 곽란이 들어서 신 것을 삼킬 때 피워서는 안 된다.

열째, 몹시 덥고 가물 때 피워서는 안 된다.

열한째, 큰 바람이 불 때 피워서는 안 된다.

열두째, 말 위에서 피워서는 안 된다.

열셋째, 이불 위에서 피워서는 안 된다.

열넷째, 화약이나 화총(火銃)[2]가에서 피워서는 안 된다.

열다섯째, 매화 앞에서 피워서는 안 된다.

열여섯째, 기침병을 앓는 병자 앞에서 피워서는 안 된다.

◎ 예절을 엄격히 차려야 할 일체의 장소에서는 안 된다. 화재를 조심해야 할 장소에서는 안 되고, 연기 피우는 것을 꺼리는 곳에서는 안 되며, 발끝이 차여 넘어질 염려가 있는 곳에서는 안 된다.

◎ 내가 일찍이 어떤 절간에서 부처를 마주하고 담배를 피운 적이 있었는데, 그때 중이 몹시 괴로워하였다.

2_총 안에 화약을 장전하고 도화선에 불을 붙여 안에 넣은 화약이 폭발하여 총탄을 외부로 쏘는 구식 총.

책가도(册架圖) 6폭 병풍. 19
세기, 고려미술관 소장. 담뱃
대가 고급스런 문방구를 그린
책가도에까지 침투하였다. 선
비들의 고급문화에도 담배와
그 용구는 중요한 자리를 차지
하게 되었다.

이옥은 문체반정으로 인해 벌을 받아, 정조 19년(1795) 9월 13일 한양을 떠나 삼가현(三嘉縣, 현재의 경남 합천)으로 충군(充軍)되었다가 그곳에서 사흘을 묵고 10월 14일 집으로 돌아온 일이 있다. 이때의 여행 체험을 바탕으로 《남정(南征)》이란 작품집을 엮었다. 9월 24일에는 비가 내려서 전북 완주군에 소재한 송광사(松廣寺)에 머물렀는데 그가 법당 안에서 담배를 피우자 중이 언짢아하였다. 그 사연을 바탕으로 〈담배 연기[烟經]〉란 흥미로운 글을 지었다. 이 글은 뒤에 부록으로 실었다.

4. 담배가 맛있을 때

◎ 책상 머리에 앉아서 글을 읽는다. 중얼중얼 반나절을 읽으면 목구멍이 타고 침이 마르지만 달리 먹을 것이 없다. 글 읽기를 마치고 화로를 당겨 담뱃대에 불을 붙여 한 대를 조금씩 피우자 달기가 엿과 같다.

◎ 대궐의 섬돌 앞에서 임금님을 모시고 서 있다. 엄숙하고도 위엄이 있다. 입을 닫은 채 오래 있다 보니 입맛이 다 떨떠름하다. 대궐문을 벗어나자마자 급히 담뱃갑을 찾아 서둘러 한 대를 피우자 오장육부가 모두 향기롭다.

◎ 기나 긴 겨울밤 첫닭 울음소리에 잠에서 깨었다. 이야기 나눌 사람도 없고, 할 일도 없다. 몰래 부싯돌을 두드려 단박에 불씨를 얻어 이불 속에서 느긋하게 한 대를 조용히 피우자 빈방에 봄이 피어난다.

◎ 도성 안에 햇볕은 뜨겁고 길은 비좁다. 어물전, 저잣거리, 도랑, 뒷간에서 온갖 악취가 코를 찔러 구역질이 난다. 서둘러 친구 집을 찾았더니 채 인사를 나누지도 않았는데 주인이 담배 한 대를 권한다. 갑자기 갓 목욕을 하고 나온 듯하다.

◎ 산골짜기 쓸쓸한 주막에 병든 노파가 밥을 파는데, 벌레와 모래를 섞어 찐 듯하다. 반찬은 짜고 비리며, 김치는 시어 터졌다. 그저 몸 생각하여 억지로 삼켰다. 구역질이 나오는 것을 참자니 먹은 것이 위에 얹혀 내려가지 않는다. 수저를 놓자마자 바로 한 대를 피우니, 생강과 계피를 먹은 듯하다. 이 모든 경우는 당해본 자만이 알리라.

5. 담배 피우는 것이 미울 때

◎ 어린아이가 한 길이나 되는 긴 담뱃대를 입에 문 채 서서 피운다. 또 가끔씩 이 사이로 침을 뱉는다. 가증스러운 놈!

◎ 규방의 다홍치마를 입은 부인이 낭군을 마주한 채 유유자적 담배를 피운다. 부끄럽다.

◎ 젊은 계집종이 부뚜막에 걸터앉아 안개를 토해내듯 담배를 피워댄다. 호되게 야단맞아야 한다.

◎ 시골 사람이 다섯 자 길이의 흰 대나무 담배통에 담뱃잎을 가루로 내어 침을 뱉어 섞는다. 그 다음 불을 당겨 몇 모금 빨자 벌써 끝이다. 화로에 침을 퉤 뱉고는 앉은 자리에 재를 덮어버린다. 민망하기 짝이 없다.

◎ 망가진 패랭이를 쓴 거지가 지팡이와 길이가 같은 담뱃대를 들었다. 길 가는 사람을 가로막고 한양의 종성연(鐘聲烟)[3] 한 대를 달랜다. 겁나는 놈이다.

◎ 대갓집 종놈이 짧지 않은 담뱃대를 가로 물고 그 비싼 서초(西草)를 마음껏 태운다. 그 앞을 손님이 지나가도 잠시도 피우기를 멈추지 않는다. 몽둥이로 내리칠 놈!

6. 흡연으로 시간을 잰다

시간을 측정하는 방법에는 자를 세우고 그 그림자로 재는 법, 물방울이 떨어지는 소리를 듣고 재는 법 등이 있다. 그러나 그런 방법은 시간에 관계없이 측정할 수 있는 것도 아니고, 장소에 관계없이 측량할 수 있는 것도 아니다. 사정이 그렇다면, 차라리 담배로 시간을 측정하는, 간편하고도 쉬운 방법에 비해 편리성이 떨어진다고 하겠다. 어떤 사람은 정해진 시간 내에 시를 짓기 위해서, 어떤 사람은 서둘러 가는 길을 재촉하기 위해서, 어떤 사람은 잠깐 쉬는 시간을 여유있게 즐기기 위해서, 또 어떤 사람은 다가오는 약속시간을 지키기 위해서 담배 한 대나 두 대를 피우는 시간으로 재기도 하고, 심지어는 세 대, 네 대까지 피워, 피우는 데 걸리는 시간을 기준으로 삼기 일쑤다. 비록 담뱃대 대통의 크기가 깊고 얕은 차이가 나고, 담뱃잎이 마르고 젖은 차이가 나지만, 대체로 시간의 경과를 재

3_ 한양에서 나는 담배 특산품의 명칭으로 보이나 구체적 사실은 알 수 없다.

는 데는 그다지 큰 차이가 나지 않을 것이다. 그러므로 굳이 화색(火索)⁴이나 시계〔辰鐘〕를 장만해야 할 필요가 있겠는가?

7. 담배 고질병

◎ 무언가를 지나치게 좋아하는 것을 사람들은 병이라 여겨 고질병〔癖〕이라고 말한다. 고질병에는 밥을 즐기는 고질병, 술을 즐기는 고질병, 떡을 즐기는 고질병, 엿을 즐기는 고질병, 밀것을 즐기는 고질병, 과일을 즐기는 고질병, 오이를 즐기는 고질병, 두부를 즐기는 고질병 들이 있다. 하지만 담배에 고질병이 든 사람들도 많다.

옛날에 정승 한 사람은 약관 시절에 〔그 비싼〕 서초(西草)를 날마다 두 근씩 피웠다. 또 판서 한 사람은 늘 담뱃대 둘을 번갈아 내오게 하여 피웠는데도 대통이 잠시도 식은 때가 없었다. 근자에 어떤 정승과 어떤 대장(大將)은 모두 새로운 모양을 한, 특별히 제작한 대통을 사용하였다. 그 대통은 거위 알의 껍질과도 흡사했다.

또 세 살 먹은 어린아이가 있는데 하루 종일 담배를 멈추지 않고 피웠다. 그런데도 한번도 담배에 취하거나 현기증을 일으키지 않았다. 그런 것을 보면, 담배에는 날 때부터 즐기는 고질병이 있는 것 아닐까?

◎ 담배가 처음 들어온 때에는 담배를 피우는 사람이 백 명에 한둘이었고, 그리 멀지 않은 옛날에는 담배를 피우지 않는 사람이 오

4_ 불을 붙이는 심지와 같은 것으로, 불이 일정한 시간 동안 타들어가는 물건.

소 등에 탄 여인. 작자미상, 《풍속화첩》
국립중앙박물관 소장. 어린아이를 앉고서
소 등에 탄 젊은 아낙네가 오른손에 곰방
대를 들고 여유로운 모습으로 가고 있다.
조선 후기에는 일반 여성도 자연스럽게 흡
연을 즐겼다. 이덕무는 "흡연은 부인의 덕
을 크게 해치니, 청결한 습관이 아니기 때
문이다"라고 하여 여성의 흡연을 부정하였
으나 현실은 오히려 반대였다.

히려 열에 한둘이었다. 그러나 지금은 남자들은 모두 피우고, 부녀자들 역시 모두 피우며, 천한 사람들까지도 모두 피운다. 온 세상에 담배를 피우지 않는 사람이 없다. 그러니 귀한 사람들도 고질병이 많고, 시름겨운 사람들도 고질병이 많으며, 한가로운 사람들도 고질병이 많다. 담배에 고질병이 든 사람이 너무도 많다.

◎ 내가 들으니, 연경(燕京)에서는 부녀자들이 대장부들보다 더 심하게 담배를 피운다고 한다.

8. 담배 상품

◎ 산골짜기에 사는 사람은 땅이 한 뙈기만 있어도 곡식을 심지 않고 담배를 심는다. 시골에 사는 사람은 땅이 한 자리만 있어도 곡식을 심지 않고 담배를 심는다. 따라서 산이고 바다에서고 등짐을 지고 꼬리에 꼬리를 물고 시장으로 들고 나오는 것이 바로 담배다.

한양(漢陽)은 큰 도회지다. 동북쪽 지방에서 소와 나귀에 실어 운송하고, 서남쪽 지방에서 배를 띄워 개천이 구불구불 모이고 구름이 뭉게뭉게 몰려들듯 수송하는 것이 모두 담배다.

◎ 한양성 안팎에 문을 연 점포에는 궤짝에 기대앉아서 칼을 가는 소리가 곳곳에서 들린다. 아이들이 땅바닥에 무릎을 꿇고 앉아 담장처럼 길게 늘어서 "서초연(西草烟)[5] 사오!", "홍연(紅烟)[6] 사오!"

5_ 평안도 성천(成川) 등지에서 나는 질이 좋은 명품 담배의 이름.
6_ 수원의 명품 담배로 홍초(紅草)가 있다. 또한 서초(西草)라는 붉은 빛깔을 띠는 불경이도 유명한데 그것을 지칭할 수도 있다.

외치는 소리가 사람의 귀를 소란스럽게 한다. 가슴 앞에 둘러메고 다니면서 팔아달라 소리치는 사람들이 서로 발을 밟을 지경이다. 그러나 붉은 대문이 높다란, 화려한 저택에는 선물로 바치는 담배가 날마다 들어오기에 저잣거리에 나가 담배를 찾는 일이 한번도 없다.

담배를 사는 데 드는 비용이 너무도 많지 않은가? 날마다 그 날 썬 담배를 피우고, 해마다 그 해 심은 담배를 피운다. 담배가 많아서 그런 것이 아니고, 피우는 사람이 많아서이다. 피우는 사람이 많아서가 아니라 담배에 고질병이 든 사람이 많아서이다. 담배를 살펴보면 사람을 알 수 있는 방법이 참으로 많다.

9. 흡연의 멋

◎ 천하의 일은 모두 제각기 격식이 있다. 그 격식을 잃게 되면 바로 어색한 느낌이 든다. 이제 담배를 피우는 격식을 두고 논해보리라.

지위가 높은 판서나 관찰사, 고을 원님은 남들이 이목을 집중하는 분들이라, 사령들이 그 앞에 수두룩하다. "담배를 대령하라!" 한마디만 하면, 영리한 종놈이 어디선가 나타나 서둘러 청동 합을 열고 금빛 담배를 꺼내 관음자죽(觀音紫竹)[7]으로 만든 7척의 담뱃대를 가져다 불을 붙여 중간쯤 타오면 소매를 뒤집어 담뱃대를 닦아서

| 7_ 담뱃대를 만드는 대나무 종류로서 자줏빛이 나는 관음죽(觀音竹).

연당(蓮塘)의 여인. 신윤복, 국립중앙박물관 소장. 연꽃이 다 자란 연못 앞에서 기생으로 보이는 여인이 한 손에는 생황을, 한 손에는 긴 담뱃대를 들고 있다. 아름다우면서도 고적한 분위기에 담뱃대가 주요한 소품으로 등장하고 있다. 기생들의 멋스런 자태를 연출하는 데 담배가 빠지지 않았다.

허리를 굽신 구부려 올린다. 그러면 화문석에 높다랗게 기대앉아 천천히 피워댄다. 이것이 귀격(貴格)이다.

◎ 나이가 많은 노인을 손자와 증손자 들이 죽 모시고 앉아 있다. 노인은 편하게 몸을 마음껏 움직인다. 담배를 피우는 것도 드물게 한다. 죽을 먹고 나서 잠깐 뒤에 비로소 담배 한 대 내오라고 분부한다. 어떤 때는 나이 어린 손자가, 어떤 때는 계집종이 시중을 들어 기름종이로 만든 담뱃갑을 천천히 열어 가벼운 대통을 골라 손대중을 하여 담배를 넣는다. 불이 충분히 붙었으면 침을 닦아서 올려드리고, 재떨이를 옮겨다 앞에 놓는다. 그러면 노인은 앉아서도 피우고 누워서도 피우는 등 자기 편한 대로 한다. 이것이 바로 복격(福格)이다.

◎ 연소한 낭군이 소매에서 작은 담뱃갑을 꺼내 은으로 만(萬)자를 새긴 동래(東萊)산 담뱃대를 당겨 담배를 넣는다. 왼쪽 입에 살짝 물고 또 주머니에서 좋은 부싯돌을 꺼내 찰싹하는 소리와 함께 불은 벌써 손가락에 다가온다. 불씨를 담배 중앙에 붙여 입술과 혀를 빡빡 빨아 한두 번 피우면 연기가 벌써 입에서 피어나온다. 이것이 묘격(妙格)이다.

◎ 어리고 아리따운 미인이 님을 만나 애교를 떨다가 님의 입에서 반도 태우지 않은 은삼통(銀三筒) 만화죽(滿花竹)[8]을 빼낸다. 재가 비단 치마에 떨어져도 아랑곳하지 않고, 침이 뚝뚝 떨어져도 거

8_은으로 만든 꽃무늬를 새긴 담뱃대.

들떠보지 않는다. 앵도 같은 붉은 입술에 바삐 꽂아 물고는 웃으면서 빨아댄다. 이것이 염격(艶格)이다.

◎ 논에서 김을 매는 농부가 김매기를 잠시 쉬고 논두렁 풀밭에 풀썩 앉는다. 보리술을 한 순배 돌리고 나서 맨상투에서 가로 꽂은 곰방대를 뽑아 담배 잎사귀를 둘둘 말아 연통연(烟洞烟)처럼 만든다. 그것을 대통에 올려놓고 왼손으로는 대통을 받쳐잡고 오른손으로는 불을 잡아 담뱃불을 붙인다. 담배 연기가 봉홧불처럼 피어올라 콧속으로 그대로 들어가니 이것이 진격(眞格)이다.

◎ 사람마다 제각기 나름의 격식이 있고, 격식마다 나름의 아취가 있다. 남이 피우는 모습을 보고 비아냥거린다면, "그대는 그 멋을 모르기 때문이다"라고 말할 일이다.

10. 유사 흡연

◎ 불은 몹시 뜨겁고 담배는 몹시 독해 사람이 먹을 수 없는 물건이다. 그럼에도 해외(海外)에는 불을 먹는 백성들이 있고,[9] 신선 가운데는 불을 토하는 자가 있다.[10] 사람이 담배를 피우는 것도 이와 같은 종류다.

◎ 의술에는 통연법(筒烟法)이 있어서 귀로 연기를 내기도 하고

---

9 《산해경(山海經)》〈해외남경(海外南經)〉에 "염화국(厭火國)이 그 남쪽에 있는데 짐승의 몸뚱이를 하고 있고, 색깔이 검다. 불이 그 입 안에서 나온다"고 하였다. 여기서 염화국은 불이 넉넉한 나라라는 의미다. 또 《박물지(博物志)》에 "염화국 백성들은 불이 입 안에서 나온다. 그 모습이 모두들 원숭이 같고, 색깔이 검다"고 하였다.

점심참에 피우는 담배. 1910년에 찍은 사진. 농부들이 점심을 먹고 이야기를 나누면서 담배를 피우고 있다. 이옥은 "논에서 김을 매는 농부가 김매기를 잠시 쉬고 논두렁 풀밭에 풀썩 앉는다. 보리술을 한 순배 돌리고 나서 맨상투에 가로 꽂은 곰방대를 뽑아서 담배 잎사귀를 둘둘 말아 담뱃불을 붙인다"고 하면서 농부가 담배 피우는 풍격을 진격(眞格)이라 표현했다.

이로 연기를 내기도 한다. 담배를 피우는 것도 이와 무엇이 다른가?

◎ 옛사람은 담배를 피우는 것을 질병을 고친다는 남조(南朝) 시대의 성스런 불[11]에 비교하기도 하고, 화기(火氣)로 인한 명(明)나라 말엽의 재앙으로 돌리기도 한다. 그렇다면 담배를 피우는 것은 (오행의) 불이 나무를 해친다는 부류가 아닐까?

◎ 지금은 쓰임새가 술보다 크고, 공훈은 차(茶)보다 앞선다. 차나 술의 종류라고 선뜻 말할 만하다.

◎ 향연(香烟)[12]을 사랑하여 고질병이 된 사람들이 있거니와, 담배를 피우는 것은 향연의 부류가 아닐까?

◎ 남방 사람들은 빈랑(檳榔)[13]을 즐겨 먹어서 품안이나 소매에 늘 넣어두고 있다가 재와 섞어서 먹는다. 따라서 그로 인해 이가 모두

10_ 《수신기(搜神記)》 2권에 불을 토하는 술수를 쓰는 인도 사람 이야기가 나온다. "진(晉) 영가(永嘉) 무렵에 천축(天竺) 사람이 양자강 남쪽까지 흘러왔다. 그 사람은 술수를 잘 부렸는데, 혀를 잘랐다가 다시 이었고 불을 토해내기도 하였다. 그가 있는 곳에는 사람들이 모여들어 구경하였다. ……그가 불을 토할 때는 먼저 약을 그릇 속에 넣고 불을 꺼내 기장으로 만든 사탕에 붙였다. 두세 번 숨결을 불어넣고는 조금 있다가 입을 벌리자 불이 입 안에 가득 찼다. 그 화염을 가져다 불을 붙이자 불이 붙었다. 또 글씨를 쓴 종이나 새끼줄, 실 등속을 가져와 불 속에 던졌다. 관중이 모두들 함께 쳐다보았는데, 그것들이 불에 타서 완전히 사라졌다. 그 뒤 잿더미를 뒤져서 무언가를 꺼냈는데 바로 전에 보았던 물건이었다." 한편, 《진서(晉書)》 〈하통전(夏統傳)〉에도 혀를 자르고 칼을 삼키며 불을 토해내는 술수를 쓰는 여자 무당 이야기가 나오므로, 진(晉) 나라 초엽부터 이러한 술수가 유행하였음을 말해준다.
11_ 남조의 성스런 불은 질병을 낫게 하는 특효가 있는 불을 말한다. 《남사(南史)》 〈제무제기(齊武帝紀)〉에 "어떤 승려가 북쪽에서 이 불을 가지고 이르렀는데 빛깔은 보통의 불에 비해 붉지만 약했다. 그 불로 질병을 치료하자 귀인이나 천인이나 모두 다투어 그것을 가져다 효험을 보았다"는 기록이 전한다.
12_ 향을 피워 생기는 연기.

붉게 변하였으니 담배를 먹는 것과 같다. 담배를 즐겨 먹는 사람은
이 안쪽이 모두 검어서 구노(拘奴)[14]가 까만 것과 같다.

◎ 근래에는 서양이 또 코로 마시는 담배인 비연(鼻烟)을 전해왔
다. 노랗고 검은 가루를 가져다 콧구멍으로 흡입하면 좋은 담배 한
대를 피운 것과 맞먹는다. 코담배는 또 담배의 별종이다.

코로 흡입하는 담배인 비연은 마테오리치를 통해 중국에 소개되
었다. 청나라에서는 비연이 널리 유행하였으나 조선에서는 크게
유행하지 않았다. 청나라 황제는 자신을 알현하는 조선 사신에게
비연도구를 자주 하사하였다. 또 조선 국왕에게 선물하기도 했다.
그럼에도 조선에서는 크게 유행하지 않았다. 조선의 식자들은 비
연을 즐기진 않았지만 비연에 관한 소식은 전문(傳聞)이나 책을 통
해 알고 있었다. 왕사진(王士禛)은 《향조필기(香祖筆記)》에서 "근래
북경에는 비연을 만드는 자가 있는데 눈을 밝게 하고 특히 역병을
막는 효과가 있다. 유리병에 넣는데 유리병 모양이 각양각색이다.
상아로 숟가락을 만들어 코에 가까이 대고 향을 맡은 다음 다시 병

13_ 빈랑나무의 열매로 모양은 둥글거나 타원형이다. 누런색이나 붉은색으로 껍처럼 씹
는다. 《본초강목(本草綱目)》에는 "남방 사람들은 언제나 빈랑을 과일처럼 먹고 차
대용으로 쓴다"고 했고, "남방 지역은 습기가 많아 이것을 먹지 않으면 장기와 역병
을 막을 방법이 없다"고 하였다. 지금도 대만 지역에서는 기호품으로 빈랑 열매를
껍처럼 씹는다.

14_ 일본 동쪽의 여왕국(女王國)에서 천여 리 되는 곳에 있는 구노국(拘奴國) 사람을 말
한다. 《후한서(後漢書)》〈동이전(東夷傳)〉에 나온다.

에 넣는다. 모두 궁궐에서 제조한 것으로, 민간에서도 간혹 모방하여 만들지만 아무리 해도 그보다 못하다"❶라고 했고, 이조원(李調元)은 《남월필기(南越筆記)》에서 "또 비연이 있는데 담배를 가루로 만들되 지극히 가늘게 썬다. 붉은 가루를 콧구멍에 넣으면 향기가 배나 강하다. 서역의 장삿배에서 전해졌는데 지금은 남월 지역에서도 제조한다"❷고 기록했다.

2부

담배, 그 애증의 기록

1

담배 연기 烟經

이옥(李鈺)

내가 나그네가 되어 송광사(松廣寺)의 향로료(香爐寮)에 머물던 그때, 석가여래 앞에서 가부좌를 틀고 《원각경(圓覺經)》을 낭송하였다. 그때 나그네가 담배를 한 대 피우고 싶어 상아로 만든 담배통을 꺼내고 향로를 잡아당겼다. 그러자 사미승 행문(幸文)이 앉은자리에서 벌떡 일어나 두 손을 들어 합장하며 나그네에게 말하였다.

"우리 석가여래께서는 연화대에 앉으셔서 향로료에 임하셨습니다. 그리하여 이 작은 세계에서나마 일체의 연기를 내는 것을 허락하지 않으십니다."

그 말에 나그네가 크게 웃고 행문에게 말하였다.

"부처 앞에는 향로가 있어 조석으로 향을 사른다. 화로가 향을 사르면 향은 반드시 연기가 된다. 일체의 세간에서 모든 사물은 불에 타는데, 아직 연기로 화하지 않은 때는 향은 향이고 연초는 연초라서 각자 절로 같지 않다가, 화로에서 태워진 뒤 변화하여 연기가 된다. 향 연기도 연기요 연초 연기도 연기이다. 그러니 연초 연기나 향 연기나 똑같은 연기로 평등한 연기 무리 속에서 이 연기와 저 연

길 떠나는 선비. 성협(成夾), 《성협풍속화첩》, 국립중앙박물관 소장. 막 길을 떠나려는 어른에게 종인 듯한 아이가 장죽을 바치고 있다. 길을 떠날 때는 담배를 반드시 챙겼다. 하지만 선비는 직접 담뱃대를 들고 다니지 않았으므로 시중 드는 아이가 담뱃불을 붙여 대령하는 장면으로 보인다.

기일 뿐이다. 게다가 나는 연기를 사랑하여 연초 연기도 사랑하고 향 연기도 사랑한다. 여래께서는 어찌 다만 향 연기만을 사랑하고 연초 연기를 사랑하지 않으실까? 또한 나는 나그네로서 여래의 직접 제자가 아니거늘, 석가세존 여래께서 찾아온 나그네를 대접하며 나그네인 내게 담배 한 대 피우라고 권하지 않으실 리 있겠는가?"

내 말을 듣고서 행문은 웃음을 터뜨리고 공손히 향로를 옮겨왔다. 나그네가 앉아 담배를 태우면서 행문에게 말하였다.

"똑같은 화롯불인데 네 향기를 태울 때는 연기가 향 연기인데, 이제 내 연초를 태우자 연기는 담배 연기가 되므로 앞의 연기와 뒤의 연기는 똑같은 연기가 아니다. 너는 담배 연기가 너의 향 연기와 서로 인연이 있다고 생각하는가? 없다고 생각하는가?"

행문이 합장하고서 나그네에게 답하였다.

"앞 연기는 앞 연기이고, 뒤 연기는 뒤 연기일 뿐입니다. 뒤 연기와 앞 연기가 무슨 인연이 있겠습니까?"

나그네가 말하였다.

"좋은 말이다. 앞 연기와 뒤 연기가 인연이 없다면 뒤 연기가 앞 연기의 면목도 알지 못하고 성명도 알지 못하고 서로 아는 사이도 아니라는 말이다. 어찌 구태여 앞 연기가 뒤 연기를 위해 자리를 만들어주겠는가? 앞 연기가 향 연기라면 뒤 연기는 담배 연기요, 앞 연기가 담배 연기라면 뒤 연기는 향 연기이다. 향 연기와 담배 연기는 각기 자기 연기를 태울 뿐이다. 어찌 구태여 뒤 연기가 앞 연기를 아껴서 덕을 베풀겠는가?"

행문이 합장하고 속으로 감탄하기를 그치지 않았다. 나그네가 담배를 다 태우고 나서 행문에게 말하였다.

"향을 태우든 담배를 태우든 반드시 연기가 나온다. 그대는 이 연기가 화롯불에서 나온다고 생각하는가? 아니면 향과 담배에서 나온다고 생각하는가? 만약 이 연기가 화롯불에서 나온다고 할 것 같으면 향을 넣지 않았을 때는 어째서 연기가 나오지 않는가? 만약 이 연기가 향과 담배에서 나온다고 할 것 같으면 불에 들어가지 않았을 때는 어째서 연기가 나오지 않는가?"

행문이 합장하고서 나그네에게 답했다.

"불이 없으면 연기가 없고, 향이 없으면 연기가 없지요. 불이 향이나 담배와 합해져야만 비로소 연기가 나옵니다."

나그네가 말했다.

"좋은 말이다. 그대가 불이 있어 화로 속에 감추어두고 있고, 그대가 향이 있어 향합에 가두어두어, 끝내 향이 화로에 가서 불을 붙이지 않거나 끝내 불이 향합에 다가와 향을 찾지 않는다면, 향은 그저 향일 뿐이고 불은 그저 불일 뿐이다. 어디에서 그대의 향 연기를 내어 여래께 공양할지 모른다. 대천세계(大千世界)[1]에 한 점의 연기도 없어서 여래라도 향 연기를 마시지 못할 것이다."

그러자 행문이 일어나 눈물을 줄줄 흘리며 오체투지(五體投地)하

1_세계는 소천, 중천, 대천의 세 종류의 천세계(千世界)로 이루어졌다. 이 끝없는 세계가 부처가 교화하는 세계이다.

고 나그네에게 말하였다.

"나이 열다섯에 아비도 없고 어미도 없어 부득불 절에 가서 머리를 깎았습니다. 지금껏 절에 머문 지 20년이 되었습니다. 남들이 머리를 깎은 것은 거개가 스스로 향과 담배를 들고 자진하여 불에 들어가 타는 것에 비유하겠지만, 이 제자의 경우에는 불에 탈 마음도 없는데 잘못하여 불에 떨어져 탄 격입니다. 비록 불에 탈 마음이 없었지만 이미 불에 다 타버렸습니다. 아무런 다른 도리가 없으니 아승지겁(阿僧祇劫)[2]토록 영영 죄인이 되었습니다. 이제 우레 같은 말씀을 듣고 보니 마음 가득 부끄럽습니다."

나그네가 이러한 한탄을 듣고서 행문에게 말하였다.

"향은 향 연기가 되고, 담배는 담배 연기가 된다. 연기는 비록 다르지만 연기라는 점에서는 똑같다. 사물이 변화하여 연기가 되고, 연기가 바뀌어 무(無)가 된다. 연기가 나서 삽시간에 똑같이 허무 속에 돌아간다. 그대는 보라! 이 향로료 가운데 향 연기와 담배 연기가 지금은 어디에 있는지를. 염부제(閻浮提)[3] 세상은 하나의 큰 향로료이다."

이옥은 문체가 순수하지 못하다는 이유로 정조로부터 견책을 받아 1795년 9월 13일 서울을 떠나 삼가현에 충군(充軍)된 일이 있었다. 그곳에서 그는 사흘을 묵고 10월 14일 집으로 돌아왔다. 한 달

2_ 불교에서 무한히 먼 시간을 나타내는 단위.
3_ 인간세계의 불교적 표현.

간의 여행에서 보고들은 내용을 소재로 글을 써서 《남정(南征)》이란 작품집을 엮었다. 《남정》은 모두 10편의 글로 구성되어 있는데, 이 글도 거기에 포함되어 있다.

글은 9월 24일 비로 인해 전북 완주군에 소재한 송광사란 절에 머물 때, 법당 안에서 담배를 피우다가 제지를 받은 자그마한 사건이 소재다. 제목 연경(烟經)은 '연기의 경전'이란 뜻으로, 담배 연기와 향 연기의 차별이 무의미하다는 생각을 전개했다. 이 글을 쓴 15년 뒤에 같은 제목으로 담배를 묘사한 저작집을 낸 것을 보면, 담배를 소재로 한 글을 창작하려던 의지가 일찍부터 있었다고 하겠다. 그럴 만큼 이옥은 대단한 애연가였다. 《연경》 넷째 권 제3장의 '흡연을 금하는 때'에 송광사에서 있었던 이 사건을 잊지 않고 밝혀놓았다.

이 글은 불경의 문체를 구사하여 쓴 희작성(戱作性)이 농후한 글이다. 우연히 불전 앞에서 담배를 피우는 작자에게 승려는, 부처 앞에서 담배 피우는 것이 무례하므로 피우지 말라고 한다. 그러자 작자는 담배와 향은 모두 연기를 피운다는 점에서 똑같은데, 부처님 앞에 향은 피워도 되고 담배는 피워서 안 된다는 이유가 무어냐고 반문한다. 이어서 연기를 주제로 번지는 이런저런 의견을 전개하는데, 겉으로 보기에는 심각한 철학적 내용이 있어 보이지만 실제로는 다분히 문학적이다. 글 자체는 꼭 《능엄경》을 보는 듯하다.

2
남령의 한평생 南靈傳

이옥(李鈺)

남령(南靈)¹은 자가 연(烟)이다. 선조 어른에 담파고(淡巴菰)란 분이 있었는데 숭정(崇禎) 시대에 의술로 명성이 있었다. 일찍이 변방의 아홉 개 군을 떠돌면서² 국경을 수비하는 병졸들이 앓는 한질(寒疾)을 고쳤다. 몹시 신통하게 고쳐서 그 공훈으로 남평백(南平伯)에 봉해졌다. 그런 이유로 자손들이 남씨를 성으로 삼게 되었다. 남령은 그 지엽(枝葉)³이다.

남령은 키가 작고 성질이 사나웠다. 얼굴은 누렇고 검은 빛을 띠었으며, 성품은 몹시 뻣뻣하였다. 병서(兵書)를 익혔는데 화공(火攻)에 장기가 있었다.

1_ 남령은 남령초(南靈草)의 줄임말로 '남쪽에서 온 영험스런 풀'이란 의미다. 조선시대에 담배를 지칭하는 독특한 말이다. 일본이나 중국에서는 사용하지 않은 담배의 이칭(異稱)이다.
2_ 명대(明代)의 북방 지역 변경에는 아홉 개의 군사적 요충이 있었다. 요동(遼東), 선부(宣府), 대동(大同), 연수(延綏), 영하(寧夏), 감숙(甘肅), 계주(薊州), 편관(偏關), 고원(固原)이다.
3_ 자손.

천군(天君)[4]이 나라를 다스린 지 32년째 되는 해 여름 6월의 일이다. 장맛비가 크게 내리더니 달을 넘기도록 그치지 않았다. 그러자 신령 세계〔靈臺〕[5]의 적인 추심(秋心)[6]이 군사를 동원하여 난을 일으켜 횡격막 현과 배꼽 고을 등지를 연달아 함락시켰다. 방당(方塘)[7]이 공격을 견뎌내지 못하자 적들에 의해 천군이 여러 겹으로 포위를 당했다. 그리하여 천군은 해심(垓心)[8]에 갇혀 옴짝달싹 못했다.

천군이 많은 장수들에게 자신을 구원하러 들어오라는 소집명령을 내렸다. 그러자 황권(黃卷)[9]이 은빛 바다[10]를 통해 곧장 아홉 굽이 황하[11]로 진격을 시도하였다. 그때 적군이 목구멍에 불을 질렀다. 그로 인해 황권이 미산(眉山)[12]에서 이맛살을 찌푸리면서 안으로 들어가지 못했다.

그때 누군가가 남령을 장수감이라고 추천하였다. 천군이 이에 화정(火正) 여(黎)[13]를 시켜 신표(信標)를 가지고 가서 남령을 신화장군 평남후(神火將軍平南侯)에 임명하고 불처럼 빨리 난을 평정하러 가라고 명했다.

4_ 마음의 은유.
5_ 곧 마음의 상징.
6_ 시름 수(愁)의 파자(破字).
7_ 네모난 연못으로 곧 심장.
8_ 심장 한복판.
9_ 누런 빛깔의 서책.
10_ 눈의 은유.
11_ 창자의 은유.
12_ 눈썹.
13_ 화정은 불을 담당한 중국 고대의 관료이고 여는 그 이름이다.

남령은 명령을 듣고서 부절(符節)[14]을 손에 쥐고 군대를 지휘하였다. 황금대(黃金臺)[15]에 봉홧불을 들어올리고, 왕대 골짜기[16]를 통해 굴을 뚫고서 행군하여 돌성[17]을 지나고 화지(華池)[18]를 건넜다. 목구멍 관문을 타고 넘어 횡격막 현에서 적들과 맞닥뜨렸다. 적을 불로 태워 물리치고 신령 세계 아래로 진격하여 적들과 격전을 치렀다. 불은 거세고 바람은 맹렬하여 연기와 안개가 사방을 뒤덮었다. 추심은 견디지 못하고 불에 뛰어들어 스스로 타죽었다. 그러자 남은 도당들도 모두 항복하였다.

천군께서 크게 기뻐하시고 사신을 보내 남령을 서초패왕(西楚霸王)[19]으로 책봉하셨다. 그리고 아홉 가지 상품을 하사하셨는데 책봉하는 문서가 이랬다.

"지난날 짐이 부덕하여 가슴과 배에 걱정거리를 본인 스스로 만들어놓았다. 그러자 도적 추심이 비슷한 무리인 백발 조장꾼〔長白髮〕과 잠 못 이루기〔夢不成〕 등과 합심하여 군현을 침략해 무너뜨렸는데 그 세력이 너무도 거세고 강성하였다. 결국에는 그들의 칼날이 사욕(私慾)을 막는 성에까지 쳐들어오고, 화살이 신명(神明)이

14_ 대막대의 은유.
15_ 대통.
16_ 설대.
17_ 물부리.
18_ 입.
19_ 진나라 말엽 유방(劉邦)과 천하를 다투던 항우(項羽)의 직함이다. 남령을 서초패왕에 봉(封)한 이유는 서초가 우리나라에서는 주로 함경도 지역을 가리키기 때문이다. 이 지역의 담배는 서초(西草)라 하여 조선 최고의 품질을 자랑했다.

사는 집에까지 날아오는 지경에 이르렀다. 팔과 다리의 고을에서는 누구도 나를 구원하지 못하고, 허파와 장부의 신하들은 스스로를 지킬 힘도 없었다. 아무리 생각해봐도 나라 일은 위태롭고 미약한 상황이었다.

그래도 경(卿)이 풀숲에서 떨쳐 일어나 좋은 향기를 위에까지 풍겼다. 그 위엄이 모든 풀을 쓰러뜨려 마치 맹렬한 불기운이 한꺼번에 타오르듯 하고, 파죽지세(破竹之勢)의 공훈을 세워 철통같은 삼엄한 포위를 풀었다. 숨을 내쉬는 짧은 순간에 대오를 정돈하고, 재가 되어 식어가는 나머지 시간에 평정을 찾았다. 끝내 연기와 먼지로 놀라게 하지도 않고, 바람 앞의 풀처럼 모두들 쓰러지게 했다.

짐이 생각건대, 불로 곤륜산(崑崙山)을 태울라치면 옥이고 돌이고 간에 뒤섞여 다 불타기 쉽건마는,[20] 무기를 쓰되 칼날에 피를 묻히지 않고 오로지 적만 골라내 몰아내었다. 백성들로 하여금 무기가 부딪치고 불로 태우는 전쟁을 걱정하는 일도 없게 했으니, 이것은 경의 어진 덕이다. 불로 공격하는 것은 본래 하등의 책략이다. 그런데 손자(孫子)의 다섯 가지 병법[21]을 잘도 써서 조조(曹操)의 전선 만 척을 잿더미로 만들었으니,[22] 이것은 경의 지혜다. 한 번 북을 치자 장사들이 불같이 성을 내고, 세 번을 몰아대자 미친 도적놈들

---

20 _ 곤륜산은 중국 전설상의 높은 산으로 서쪽에 있으며, 좋은 옥(玉)이 나는 명산이다. 곤륜산에 불이 나면, 좋은 옥이고 돌이고를 구별하지 않고 모두 태운다는 성어(成語)가 있다.
21 _ 《손자병법(孫子兵法)》〈화공편(火攻篇)〉에서 손자(孫子)는 다섯 가지 화공법을 제시하였다.

이 연기처럼 사라졌다. 관문을 부수고 도주로를 빼앗느라 분투하면서 제 몸을 돌보지 않았으니, 이것은 경의 용맹함이다.

경이 이러한 세 가지 덕을 가지고 있으므로, 공훈이 마땅히 제일이다. 이에 그대를 서초패왕으로 삼노라. 그리고 경에게 포상품을 주노니, 은빛 꽃무늬를 새긴 쇠로 만든 담배함은 경의 집이요, 노란 기름종이 담뱃갑은 경의 의복이요, 녹색 비단 쌈지는 경의 예복이요, 은으로 수복(壽福) 글자를 새긴 담배통은 경의 갑옷이요, 꽃무늬를 새긴 반죽(斑竹)은 경의 부절 깃발이요, 흰색 널판으로 만든 네모난 궤짝은 경의 채읍(菜邑)[23]이요, 청동화로는 경의 강토요, 쇠로 만든 담배침은 경의 상방검(尙房劍)[24]이요, 구멍이 세 개인 풍혈(風穴)[25]은 경의 홀이다. 경은 공경하여 시행하라! 오호라! 무기를 거두어들이지 않으면 반드시 자기 자신이 불에 타리니[26] 신중히 생각하라!"

남령은 서초(西楚)에 봉지(封地)를 받았으나 때마침 추심과 같은

22_ 서기 208년 적벽대전(赤壁大戰)이 벌어졌을 때 있었던 전사다. 조조가 수십만 대군을 이끌고 강을 건너 남하할 때 손권(孫權)과 유비(劉備)가 연합하여 조조를 막았다. 그때 도독 주유(周瑜)가 부장인 황개(黃蓋)의 건의를 받아들여 거짓으로 조조에게 항복하고, 계략을 써서 다닥다닥 붙어 있는 조조의 전선을 화공으로 공격하여 조조의 군대를 대패시켰다.

23_ 곧 채읍(采邑)으로 고대에 공신들이 봉지(封地)로 받은 작은 읍.

24_ 상방(尙方)에서 만들어 황제가 사용하는 보검. 고대에 천자가 대신을 파견해 중대한 사건을 처리할 때 이 검을 하사하여 전권을 행사할 수 있는 권한을 부여했다.

25_ 곧 부시.

26_ 《좌전(左傳)》에 "병기는 불과 같다. 거두어들이지 않으면 곧 자기 자신을 태운다"라고 했다.

무리인 우심(憂心)이 여전히 기해(氣海)[27]에 잠복하고 있었기에 봉지
로 가라는 허락을 받지 않았다. 남령은 조정에 벼슬하면서 향을 바
치는 사자[進香使]·차 전매 담당관[榷茶使]·주천군 태수[酒泉太
守]를 겸직하였다.[28] 그래서 한 시대 사람들이 그의 권세를 중시하
였다. 언젠가 천군이 남령을 가리키면서 "하루라도 이 사람이 없어
서는 안 된다"라고 말한 적이 있다.

화사씨(花史氏)는 말한다.

옛날 모려(慕廬) 한담(韓菼)이 남연(南烟) 및 누룩 아저씨와 더불
어 서로의 처지를 잊은 친한 친구가 되었다. 그러자 사람들이 물
었다.

"그 둘과 함께 지낼 수 없다면 누구를 버리겠소?"

한담이 한참을 끙끙대며 고민하다 말했다.

"모두 버릴 수 없소. 그러나 부득이 하나를 버려야 한다면 누룩
아저씨를 버리겠소. 차라리 죽을지언정 남연은 버릴 수 없소."

나도 남군(南君)을 한담과 같이 소중히 생각한다. 그렇기에 그를
위해 전기를 지어 기록한다.

어떤 사람은 "남령의 선대는 여송(呂宋) 사람이다"라고 말하기도
한다.

27_ 인체 부위의 이름으로 중요한 기가 모이는 곳이다. 보통 아래 단전(丹田)을 일컫는다.
28_ 담배는 향연(香烟), 연다(烟茶), 연주(烟酒)라는 이칭으로도 불린다. 모두 담배가 향
　　과 차와 술의 기능을 가지고 있다 하여 붙은 이름이므로, 이옥은 이러한 직책을 겸직
　　하였다고 가정했다.

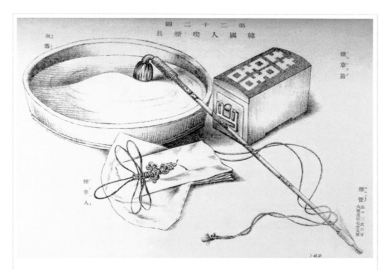

구한말 한국인의 끽연 도구. 《한국연초조사서(韓國煙草調査書)》에 삽화로 실린 그림. 탁지부임시재원조사국(度支部臨時財源調査局) 편, 1910, 담뱃대와 쌈지, 재떨이, 담배합 등이 함께 그려져 있다.

이옥이 지은 작품이다. 고려시대 이래 지어지던 가전(假傳)의 문체를 이용해 담배의 세계를 묘사하였다. 담배를 의인화한 가전 작품이 몇 편 남아 있는데 그 중 하나다. 애연가로서 남령초를 너무나 사랑하기에 이렇게 가전으로 짓는다는 의도를 작품 끝에 밝혔다. "천군(天君)이 나라를 다스린 지 32년째 되는 해 여름 6월의 일이다"라고 했으므로 그의 나이 32세 여름에 지은 것임을 알 수 있다. 장맛비가 한 달째 계속되어 마음이 우울하자 담배를 피워 우울함을 몰아낸다는 소재를 작품화했다. 장맛비로 우울한 마음을 천군이 주재하는 나라에 추심(秋心)과 우심(憂心)이 공격했다는 상황으로 설정한 것이 재치있다. 담배의 이칭인 남령(南靈)이 혼란을 해결하는 장수로 등장한다.

조선조 사대부들은 자신들이 아끼는 물건을 이렇게 가전으로 만들어 물건의 의의를 높이고 동시에 사랑하는 마음을 담았다. 담배가 이렇게 가전으로까지 창작되었다는 것은 그만큼 담배가 사대부의 일상에 깊이 파고들었음을 의미한다.

담파고의 일생 淡婆姑傳

임상덕(林象德)

담파고(淡婆姑)는 남만(南蠻)의 비구니인데 세상에서는 그녀의 근본이 어떤지 알지 못한다. 어떤 사람은 이렇게 말한다.

"진시황 시절에 방사(方士) 서불(徐市)[1]이 바다로 들어가 불사약을 구한 일이 있다. 담파가 동녀(童女)로서 그 뒤를 좇아갔다가 홀로 신비한 약을 얻었다. 그녀는 그 약을 숨기고 서불에게 주지 않았다. 남만 땅으로 숨어들어간 그녀는 약을 복용하고서 마침내 신령한 술수를 터득하였다. 몸을 변환시키고 형체를 숨길 수 있게 된 그녀는 풀과 나무 사이에 숨어버렸다."

남만의 풍속은 불교를 믿는다. 담파는 자신이 영약을 숨긴 악업을 지었다고 생각하여 마침내 몸을 버리겠다는 서원(誓願)을 품었다. 성품이 몹시도 사나워 몸을 가르고 살갗을 태워도 전혀 아끼거나 연연해하지 않았다.

1_ 진(秦)나라 시절의 방사(方士)로 진시황에게 동해에 있는 삼신산에 가서 불사약을 구해오겠다고 하여 동남동녀(童男童女) 수천 명을 데리고 떠났다.

불가(佛家)의 담박(淡泊)한 가르침을 오래두고 익혔기 때문에 법명(法名)을 제 스스로 담(淡)이라 불렀다. 남만 사람들이 그녀를 존경하여 마침내 담파고라 불렀다.

그녀는 끝내 삼매화(三昧火)[2]로 스스로를 태우는 법을 터득하였다. 그 법은 한 가닥 광명의 불로 수백 수천 수억의 맑고 오묘한 기운을 방출하여 코와 입 따위의 구멍으로 흩어져 들어가 인간의 마음속 수많은 더러움과 악함을 소멸시킨다. 이 술법은 처음 연기를 맡을 때는 몹시도 괴롭고 현기증이 나지만, 그 빛과 기운을 바꿔서 골수에 스며들어갈 수 있기 때문에 사람들은 그런 줄을 깨닫지 못한다. 그런 까닭에 오랜 시간이 지나면 기뻐하지 않는 사람이 없다.

담파는 본래 중생에게 베풀고 인도하는 마음을 지녔기에, 어질거나 어리석거나, 귀하거나 천하거나 누구도 가리지 않았다. 만나면 기쁜 얼굴로 대접하고 주머니를 기울이고 전대를 탁탁 털어주면서 아까워하는 법이 없었다. 세상의 왕공(王公)과 귀공자들은 술과 고기에 푹 빠져 즐겨 먹는다. 잔치를 베풀어 사람들을 모아 음식을 먹을 때마다 진수성찬을 낭자하게 차려놓는다. 그러나 술자리가 파하고 차를 마신 뒤에는 언제나 담파를 초빙하였다. 담파는 바로 그 자리로 갔고, 가서는 단아하게 앉아 있었다. 하루 종일 화로를 마주한 채 재만 뒤적이고 있을 뿐이었다. 그렇게만 해도 사람들

2_도교에서는 원신(元神), 원기(元氣), 원정(元精)을 간직하여 수련하면 진화(眞火)를 만들어낼 수 있다고 하는데 이것을 일러 삼매진화(三昧眞火)라고 한다. 줄여서 삼매화라 한다.

은 모두 정신이 맑아지고 마음이 상쾌해져 마치 이슬을 마신 느낌이 들었다.

그녀는 이렇듯이 사람들을 신비하고도 오묘하게 감동시켰다. 아무리 평소에 비구니를 좋아하지 않는 큰 학자나 근엄한 선비라도 담파를 몹시 사랑하게 되었다. 심성을 열어놓고 신명(神明)을 통하게 하는 데 가장 큰 도움이 되므로 그녀를 선택한 것이다.

어떤 사람이 담파에게 장난삼아 물어보았다.

"담파께서는 냄새와 맛이 누구와 비슷하다고 생각하시나요?"

그때 담파가 이렇게 답했다고 한다.

"향기는 요염하고 냄새는 더러우며, 달고 신 맛은 쉽게 변질되고, 매운 맛은 독이 많은 법이랍니다. 그러니 냄새와 맛이란 도의 참모습이 아니지요. 제가 어찌 냄새와 맛을 소중히 여기겠습니까? 이른바 '신기한 것은 썩어 냄새나는 것이 변화하여 생겨나고,[3] 땔감이 다 탄 뒤에는 불이 다른 곳으로 전해진다.[4] 먼지가 날아가고 색(色)이 사라져 끝내는 공(空)으로 돌아간다'는 존재가 바로 저라고 할 수 있지요."

사람들이 그 말을 명언이라 인정했다.

3_《장자(莊子)》〈지북유(知北遊)〉의 다음 구절에서 가져온 것이다. "따라서 만물은 하나다. 자기가 아름답게 여기는 것은 신기하다 여기고, 자기가 싫어하는 것은 썩은 냄새가 난다 여기는데, 썩어 냄새나는 것이 변화하여 신기한 것이 되고, 신기한 것이 다시 변화하여 썩어 냄새나는 것이 된다."

4_《장자》〈지북유〉의 다음 구절에서 가져온 것이다. "촛불과 땔감이 타들어가는 것에는 끝이 있으나 불은 다른 곳으로 옮겨가므로 끝나는 법이 없다."

담파가 적멸(寂滅)에 이르자 자주색 연기가 나타나 그녀가 머물던 방에 서렸다. 시간이 지나자 액체가 응고되어 옻칠을 한 것처럼 까만 물건이 되었다. 사람들이 신령한 액체라 여겨 각종 부스럼에 바르기도 했는데 즉각 치료가 되었다. 그 무리들이 몹시 기이하게 생각했다.

담파는 부족이 매우 번성하여 따로 총림(叢林)⁵의 한 일파를 이루었지만 모두들 담파고라고 불렀다. 이들의 도는 다른 나라에는 전해지지 않았다. 그러다가 명나라 만력(萬曆) 무렵에 이르러 점차 남만 배를 타고서 나라 밖으로 나가게 되었는데 지금은 중국 곳곳에도 있다고 한다. 이들은 남방의 영험하고 특이한 도이기에 사람들이 남령(南靈)이라고도 부른다.

내 집에는 황온(黃媼)⁶이 있는데 담파와 몹시 좋아하는 사이다. 그 때문에 나도 친하게 지내게 되었다. 향기와 맛의 세계를 넘어서 서로 의기투합했다고 말해도 좋다. 내가 그녀의 전기를 거칠게나마 지은 다음, 또 그녀를 예찬하는 글을 다음과 같이 지었다.

내가 《능엄경(楞嚴經)》을 암송하다가 향엄동자(香嚴童子)가 향적(香寂)으로 불법을 터득하는 대목을 보았는데 그 게송은 이렇게 되어 있었다.

5_ 많은 승려가 모여 수행하는 곳을 통틀어 이르는 말.
6_ 막걸리를 의인화한 것으로 보인다.

"여러 비구(比丘)들이 침수향(沈水香)을 태우는 것을 보고 있는데 향기가 아무 자취도 없이 콧속으로 스며들었습니다. 그것은 연기도 아니고 불도 아니며, 나무도 아니고 허공도 아니었습니다. 간다 해도 붙어 당기는 곳이 없고, 와도 종적이 없습니다."[7]

진리란 정녕코 상의하지 않는데도 서로 유사한 것일까? 담파가 이 경전의 취지에 어쩌면 그리도 오묘하게 딱 들어맞는 것일까?

담파의 도는 몹시 사나운 것을 선(善)으로 알고, 담박함을 법문(法門)으로 삼으며, 향기와 맛을 찌꺼기로 여기고, 공허함과 적멸(寂滅)을 본색(本色)으로 삼는다. 따라서 그 몸을 말라비틀어진 잎사귀로도 만들 수 있고, 그 마음을 식어버린 재로도 만들 수 있다. 때때로 허망한 육체를 변환시키므로 여여(如如)하고 또렷하며 존재하는 듯 사라진 듯하다. 진정한 기운이 늘 흩어져 있으면서도 늘 흩어지지 않기 때문이다.

7_《능엄경(楞嚴經)》제5권에서 인용하였다. 부처님이 수많은 제자들에게 원통(圓通)의 삼매경(三昧境)에 어떠한 방편으로 들어갈 수 있느냐고 묻자 그 가운데 향엄동자가 대답한 내용이다. 전체 내용은 다음과 같다. "향엄동자가 바로 자리에서 일어나 부처님의 발에 이마를 대고 절하고서 아뢰었다. '제가 들었더니 여래께서 저를 가르치셔서 모든 유위상(有爲相)을 똑바로 보라 하셨습니다. 제가 그때 부처님을 하직하고 모임이 끝나 조용히 머물다가 여러 비구(比丘)들이 침수향(沈水香)을 태우는 장면을 보고 있는데, 향기가 아무 자취도 없이 콧속으로 스며들었습니다. 제가 보니 이 향기는 나무도 아니고 허공도 아니며, 연기도 아니고 불도 아니었습니다. 간다 해도 붙어 당기는 곳이 없고, 와도 종적이 없었습니다. 이로 말미암아 뜻이 사라져서 무루(無漏, 일체의 번뇌를 끊는 방법)함을 드러냈습니다. 여래께서 저를 인가하셔서 향엄이란 호를 얻었습니다. 먼지의 기운이 갑자기 사라지고 묘향(妙香)이 원만해졌습니다. 저는 향엄으로부터 아라한을 얻었으므로, 부처님께서 원통(圓通)의 경지를 물으신다면, 제가 경험한 바로는 향기가 가장 낫습니다.'"

담파를 좋아하지 않는 세상 사람들은 담파를 요망하고 사악한 축에 끼워넣지만 이는 잘못된 처사다. 반면에 담파를 너무 심하게 아껴 기갈병을 앓는 병자처럼 가까이하는 사람도 있다. 이런 사람은 이단의 세계로 빠져든 자에 가깝다고 해야 하지 않을까?

이 글 역시 담배를 소재로 지어진 가전(假傳) 작품이다. 저자는 노촌(老村) 임상덕(林象德, 1683~1719)이다. 이 작품은 작가가 문과에 장원급제한 23세(1705) 때에 썼다. 담배의 특징과 흡연의 애호를 가전의 형식으로 묘사한 작품 가운데 가장 먼저 씌어졌다.

이 글은 담배의 전기와, 담배를 예찬한 두 부분으로 구성되어 있다. 이옥이 담배를 남령이란 장수로 각색한 것과 달리 임상덕은 담배를 남만의 비구니로 각색하였다. 담배에 얽힌 전설 가운데 담배가 여성이 죽어 변화한 것이라는 이야기가 널리 퍼져 있는데, 임상덕은 이러한 전설을 바탕으로 담파고의 생애와 특징을 묘사하였다.

담파고를 담파고(淡婆姑)란 할머니로 표기하여, 스스로를 태워 "수백 수천 수억의 맑고 오묘한 기운을 방출하여 코와 입 따위의 구멍으로 흩어져 들어가 인간의 마음속 수많은 더러움과 악함을 소멸시키는" 존재로 묘사한 것이 흥미롭다. 담배가 전래된 초기의 문화를 이해하는 데 좋은 자료로서 담배를 깊이 사랑하는 마음을 잘 드러내었다.

4

금연론을 반박한다 南草答辨

이빈국(李賓國)

　종실(宗室) 사람인 회의군(懷義君)은 월탄(月灘)이란 호를 스스로 지어
썼다. 월탄은 평생토록 남초(南草)를 피우지 않은 분으로 〈남초변(南草辨)〉
을 지어 남초를 배척하였다. 뿐만 아니라 남초를 피우는 세상 사람들을 비
난하였다. 그래서 내가 이 〈남초답변(南草答辨)〉을 짓는다. 1646년(인조
24) 9월

　월탄(月灘)이란 공자(公子)가 있는데, 금지옥엽(金枝玉葉)의 집안
에서 태어나 비단 보자기에 싸여 성장하였다. 그럼에도 불구하고
문장을 잘하고 학업을 널리 배웠으며, 행실을 잘 닦아 덕이 높았다.
사치와 호사를 숭상하지 않고, 반드시 검소한 생활로 자신을 다잡
았다. 남들이 선한 행동을 하면 마치 제 자신이 행한 듯이 여겼고,
남들이 좋아하면 자기도 좋아하는 등 터럭만큼도 남의 생각을 거
스르지 않았다.
　그런 분이 남초를 흡연하는 일에 이르러서는 태도가 딴판이었
다. 위로는 공경 사대부부터 아래로는 소 치는 아이까지, 안으로는

중국으로부터 밖으로는 오랑캐들까지, 남초를 몹시 좋아하지 않는 사람은 아무도 없다. 남초란 물건은 사람의 입을 즐겁게 하는 맛난 고기와 다름이 없다. 고기를 좋아하지 않는 사람이 있다는 이야기는 아직까지 들어본 적이 없다.

그렇건만 월탄 공자만은 유독 남초를 좋아하지 않는다. 도대체 무슨 이유인가? "모두가 술에 취해 있건만 나 혼자 깨어 있다!"는 경우인가? 아니면 옛것을 좋아하고 현재의 일을 상심하여, 변해가는 풍속에 물들지 않겠다는 심보인가?

예로부터 사람을 패가망신시키는 물건은 술이다. 공자는 큰 술잔으로 술을 마시는 것만은 사양하지 않아서, 만취하여 쓰러지는 것도 싫어하지 않는다. 술을 좋아하여 마시지 않는 때가 없다. 또 예로부터 마음을 유혹하여 감정을 방탕하게 만드는 것은 음악이다. 공자는 귀를 기울여 음악을 듣고 마음이 풀어져 즐거워한다. 음악을 즐겨 듣지 않는 때가 없다. 아! 남초가 끼치는 해가 과연 술이나 음악과 같은 구석이 있는가?

생각건대, 이 남초는 일본 동쪽 지역에서 나온 물건이다. 고향을 떠나서 귀하게 된 물건 가운데 남초 같은 것이 없고, 기운을 가라앉히고 고민을 씻어주는 물건으로 남초만큼 효과가 빠른 것이 없다. 남초로 인해 몸을 망친 자가 몇이나 되고, 남초로 인해 집안이 망한 자가 몇이나 되는가?

남초로 인해 간혹 화재가 발생하기 때문에 싫어한다고 공자가 말할 수도 있다. 그렇다면 밥을 짓다가 화재가 발생하는 일이 많은

데, 화재가 발생할까봐서 밥짓기를 중단하는 자가 과연 있단 말인가? 남초가 전파되기 전에는 화재가 발생한 집이 없었는데, 남초가 퍼진 이후에 유독 화재가 발생한 집이 많아졌단 말인가? 집안에 화재가 발생한 것은 오로지 사람이 실수한 것일 뿐이다. 남초가 그와 무슨 상관이 있는가? 적국인 일본에서 나온 풀이기에 미워서 그런다고 공자가 말할 수도 있다. 그렇다면 후추가 산출된 곳도 적국이다. 공자는 어째서 후추는 미워하지 않고 유독 남초만을 미워하는가?

이 풀이 공자(孔子) 님이 살던 세상에 나왔다고 해보자. 어찌 알겠는가? 공자께서 생강을 쉬지 않고 드셨던 것[1] 이상으로, 남초도 쉬지 않고 피우시지 않았을까? 불행히도 삼대(三代)[2] 시절 이전에 나오지 않았기에 우(禹)임금, 탕(湯)임금, 문왕(文王), 무왕(武王), 주공(周公), 공자께서 피우시지 않은 건 아닐까?

이 풀은 향기가 나지 않고 매우며, 달지 않고 쓰며, 습기가 없이 메마르며, 차지 않고 뜨겁다. 신농씨(神農氏)[3]가 맛을 본 수많은 약초의 범주에 들어가지 않았고, 우임금에게 바친 물건의 명단에 들어 있지 않았다. 《시경(詩經)》[4]에서 사람의 심경을 비유한 식물이나,

---

1_《논어》에 "공자께서는 생강 먹기를 그치지 않으셨다(不撤薑食)"는 언급이 보인다.
2_중국 고대의 하은주(夏殷周) 세 나라 시기.
3_전설 속의 태곳적 제왕. 처음으로 사람들에게 농사짓는 법을 가르쳐 농업에 힘쓰게 하였고, 온갖 풀의 맛을 봐서 약재를 찾아 병을 고치게 하였다고 전한다.
4_중국 고대의 시가집으로 많은 식물이 나온다.

풍속도. 작자미상, 국립중앙박물관 소장. 겨울에 산행 가는 일행이 주막에서 잠시 쉬고 있다. 주막 앞에
피워놓은 모닥불에 한 사람은 담뱃불을 붙이고 있고, 다른 한 사람은 말을 탄 귀인에게 담뱃불을 붙여
대령하고 있다. 추운 겨울 산행의 따뜻한 정취를 담배로 표현하고 있다.

《이소(離騷)》⁵에서 시인의 처지를 기탁(寄託)한 풀에도 들어가지 않았다. 그러므로 그리 귀한 풀이 아니라고 말할 법도 하다.

다만 천하 사람들이 마음으로 즐거워하고 입으로 좋아하는 풀이다. 그것을 보면, 천하 사람들의 입은 똑같은 입이요, 천하 사람들의 마음은 똑같은 마음이다. 그런데 공자가 〈남초변〉을 지어 남초를 배격하니, 그것은 천하 사람들의 마음과 입을 배격한 것이다. 그렇다면 공자의 입은 홀로 천하 사람의 입이 아니요, 공자의 마음은 홀로 천하 사람의 마음이 아니라는 것인가? 입이 천하 사람의 입과 다르고, 마음이 천하 사람의 마음과 다르다면, 공자의 입은 대체 어떤 입이며, 공자의 마음은 대체 어떤 마음이란 말인가?

아! 공자께서는 술에 취해 속이 더부룩할 때나 공기가 차서 배가 부를 때 담배를 한 모금 피워보시오. 그러면 천하 사람들이 남초(南草)라 부르지 않고 반드시 남령초(南靈草)라 부르는 심경을 이해할 수 있을 것이오.

공자가 〈남초변〉을 지어 천하 사람들의 마음과 입을 배격하였기에 나도 이 답변을 지어 바로잡는다. 내가 따지기를 좋아해서겠는가? 부득이해서 지은 것일 뿐이다.

《이계집(伊溪集)》에 실려 있는 이빈국(李賓國, 1586~1653)의 글이다. 월탄 공자가 담배를 피우지 않고, 또 〈남초변〉까지 지어 흡연

5_중국의 굴원(屈原)이 지은 장편의 시로 수많은 초목을 사용해 심경을 표현하였다.

을 반대하자 흡연의 정당성을 옹호하기 위해 지었다. 월탄 공자가 지었다는 글은 아직까지 발견되지 않았다. 1646년에 지어진 글이므로, 담배가 조선에서 유행한 지 수십 년이 채 지나지 않아 지어진 것이다. 그런데도 벌써 조선에 담배가 전국적으로 유행하고 있다는 사실을 명확하게 보여준다. 뿐만 아니라 조선 지식인들은 담배가 전 세계적으로 모든 계층 사람들이 즐기는 기호품이라는 사실을 잘 알고 있었다는 점도 보여준다. 이빈국은 "천하 모든 사람들이 마음으로 즐거워하고 입으로 좋아하는" 담배의 막강한 흡인력과 전파력을 자신하고 오히려 흡연을 반대하는 월탄을 이상한 사람 취급하고 있다. 담배가 전파된 지 오래지 않아 이런 정도의 애연가와 논리가 등장했다는 사실이 놀랍다. 그런 점에서 아주 중요한 사료이다.

5
남령초(南靈草)를 주제로 질문에 답하라

정조(正祖)

왕은 말하노라.

온갖 식물 가운데 이롭게 쓰여 사람에게 유익한 물건으로 남령초보다 나은 것이 없다. 이 풀은 《본초(本草)》[1]에도 실려 있지 않고, 《이아(爾雅)》[2]에도 보이지 않는다. 그러나 후대에 출현한 풀로서 약상자 안에 없어서는 안 될 필수품이 되었다.

내 일찍이 따져본 적이 있다. 이 풀은 맛은 제호(醍醐)[3]를 깔보고, 향기는 난초를 얕본다. 술과 견주어볼 때, 실언(失言)을 유도한다고 관중(管仲)이 경계한 허물[4]이 있기는커녕, 함께 즐거움을 누리는 것이라고 선왕(先王)이 말씀하신 아취가 있다.[5] 차와 견주어볼 때, 왕

1_《신농본초경(神農本草經)》의 줄인 말. 중국 고대의 저명한 약학서로 각종 풀을 많이 실었기 때문에 《본초》라고 부른다.
2_중국 고대의 사전으로 문자의 뜻을 기록하였다. 고대의 사물 이름을 아는 데 중요한 저술이다.
3_우유에 갈분을 타서 미음같이 쑨 죽. 맛이 좋은 귀한 음식이다.
4_제(齊)나라의 재상 관중이 환공(桓公)으로부터 술잔을 받았을 때, 그 절반을 버리고는 "술을 마시면 실언하고 나아가 몸을 버리게 된다"고 말했다.

몽(王濛)이 억지로 차를 마시게 한 괴로움[6]이 있기는커녕, 병을 즉시 낫게 하는 선가(仙家)의 효험이 있다. 현산(玄山)의 기장과 부주산(不周山)의 벼[7]는 품종이 좋은 곡식이나 이 풀이 아니면 답답한 속을 풀지 못하고, 곤륜산의 네가래와 구구(具區)의 무[8]는 진귀한 음식이기는 하나 이 풀이 아니면 꽉 막힌 심정을 뚫어주지 못한다.

소동파(蘇東坡)가 시에서 말한 삼팽(三彭)의 악귀[9]도 이 풀로 몰아내므로 비자(榧子)[10]라도 이 풀에 비하면 힘이 약하다. 의술가들이 말하는 한담(寒痰)[11]의 응결도 이 풀의 덕을 입으면 풀려 없어지므로 백매(白梅)[12]라도 이보다는 약효가 못하다. 민생에 이롭게 사용되는 것으로 이 풀에 필적할 은덕과 이 풀에 견줄 공훈이 있는 물건

5_《예기(禮記)》〈악기(樂記)〉에 나오는 내용이다. 술을 마셔도 지나치게 취하지 못하도록 제왕이 예법을 제정함으로써 술로 인해 발생할지도 모를 화에 대비했다. 그래서 술과 음식은 함께 즐거움을 누릴 수 있는 사물이라고 하였다.

6_진(晉) 나라 왕몽은 차를 좋아하여 찾아오는 손님마다 차를 마시게 했다. 사람들이 이를 괴롭게 여겨 그를 찾아갈 때에는 "오늘은 수액(水厄)을 당하는 날이다"라고 했다.

7_현산은 맛이 좋은 벼가 생산된다는, 중국 전설상의 산이고, 부주산은 곤륜산 서북쪽에 있다고 전하는, 중국 전설상의 산이다. 《여씨춘추(呂氏春秋)》〈본미(本味)〉에 "맛있는 쌀로는 현산의 쌀이 있고, 부주산의 좁쌀이 있다(飯之美者, 玄山之禾, 不周之粟)"는 대목이 나온다.

8_곤륜산과 구구는 모두 중국 전설상의 산과 호수로, 여기에서 나는 네가래와 무가 맛이 있다고 전한다. 그 내용이 《여씨춘추》〈본미〉에 나온다.

9_소동파의 시에는 '구양삼팽구(驅攘三彭仇)'니 '고사삼팽구(槁死三彭仇)'니 하는 대목이 나온다. 삼팽이란 도가에서 말하는 삼시신(三尸神)으로, 늘 사람의 몸속에 있으면서 죄악을 살피고 있다가 경신일(庚申日)이 되면 상제(上帝)에게 아뢴다고 한다.

10_비자나무의 익은 열매로 맛이 매우 떫다. 기침을 멈추는 약으로 쓰인다.

11_담병(痰病)의 하나로, 팔과 다리가 차고 마비되어 근육이 군데군데 쑤시고 아픈 증세를 말한다.

이 그래 어디 있는가?

오늘날 사람들은 늘 옛것을 펀드는 습성을 벗어나지 못한다. 가짜 옥이나 위조된 보물도 상(商)나라, 주(周)나라 때 물건이라고 하면 겹겹이 싸서 보배로 여기지 않는 자가 없다. 유독 이 풀만은 천한 것으로 여겨 대접이 몹시 각박하다. 더러는 부끄럽게 여겨 가까이하지 않는 사람도 있다.

그래 이 풀이 부정하단 말이냐? 이것이 예에 맞지 않는 물건이란 말이냐? 하후씨(夏后氏)[13]가 일찍이 배척한 풀이냐? 〈향당편(鄕黨篇)〉의 먹지 않는 음식에 포함된 것이냐?

목화는 고대로부터 멀리 떨어진 시기에 서역(西域)에서 늦게야 나온 물건임에도 불구하고 크고 작은 사람 가릴 것 없이 모두 그것으로 몸을 감싼다. 수박은 근년에 위구르에서 들어왔으나 사람도 귀신도 모두 그 즙액을 즐긴다. 물건은 이롭게 사용하고 생활에 윤택한가를 따지면 그뿐이다. 굳이 옛날과 지금, 중화와 오랑캐를 논할 필요가 있겠느냐?

나는 젊어서부터 다른 기호는 없이 오로지 책 보는 고질병만을 갖고 있다. 연구하고 탐색하느라 심신에 피로가 쌓여 수십 년을 보냈다. 그로 인해 병이 생겨 마침내 가슴속이 언제나 꽉 막혔기에 밤

12_ 익어서 떨어질 무렵의 매화나무 열매를 소금에 절인 것으로, 설사·곽란·중풍 등을 치료하는 약재로 쓰인다.
13_ 순임금의 선양을 받아 우임금이 세운 중국 고대의 나라로 여기서는 우임금을 가리킨다.

을 꼬박 새우기도 하였다. 왕좌에 오른 뒤로 책을 보던 고질병을 모두 정무(政務)로 옮겨 일하다보니 병증이 더욱 심해졌다. 복용한 빈랑 열매와 쥐눈이콩도 근이나 포대로 헤아릴 정도였다. 백방으로 약을 구했으나 오로지 이 남령초에서만 도움을 얻었다.

불기운으로 한담을 공격하자 가슴에 막힌 것이 저절로 사라졌고, 연기의 진기가 폐를 적셔서 밤잠을 편히 이룰 수 있었다. 정사의 잘잘못을 고민할 때 복잡하게 뒤엉킨 생각을 청명하게 비춰보고 요점을 잡아낸 것도 그 힘이고, 원고의 가부를 수정하고자 깎고 자르는 고민을 할 때 고르게 저울질하여 내어놓게 만든 것도 그 힘이다.

일찍이 "명차(名茶)의 공훈이 뜰 앞의 명협(蓂莢)[14]에 부끄럽지 않다"는 범희문(范希文)의 시구를 읊조리다[15] 남령초가 이 시구에 걸맞은 풀이 아닐까 생각했다. 또 '차는 상서로운 풀의 으뜸이라'던 두목(杜牧)의 시구를 암송하면서[16] 두목이 이 남령초를 보았다면 차

14_ 중국 요임금 때 났다는 전설상의 상서로운 풀. 초하루부터 보름까지 하루에 한 잎씩 났다가, 열엿새부터 그믐까지 하루에 한 잎씩 떨어지고, 작은 달에는 마지막 한 잎이 시들기만 하고 떨어지지 않았다고 한다. 달력의 역할을 한 풀로 알려졌다.

15_ 범희문은 중국 송나라 때의 재상인 범중엄(范仲淹)으로 희문은 그의 자다. 그는 건안(建安)의 공차(貢茶)를 예찬한 〈장민(章岷) 종사관에 화답하여 두차(斗茶)의 노래를 짓는다(和章岷從事斗茶歌)〉를 지었는데, 그 가운데 명차가 명협에 뒤지지 않는다고 예찬하였다.

16_ 이 작품은 당나라의 저명한 시인인 두목(杜牧)이 지은 〈차가 나는 산에 붙인다(題茶山)〉이다. 정조는 이 시를 두자미(杜子美), 곧 두보(杜甫)가 지었다고 말했으나 잘못 기억한 것이다.

가 그런 칭송을 받을 수나 있었을까 의문을 품었다.

　더구나 일원(一元)[17]의 기운이 점차 천박해져, 신체 혈기가 거칠
고 탁한 음식물의 기운을 이기지 못하게 되었다. 그런 지 오래라,
귀하고 천하고 강하고 약하고와 풍토를 따질 것 없이, 모두가 담
(痰)을 앓는 것도 필연적인 형세다. 그렇다면 습기를 제거하고 건조
하게 만드는 효험을 이 풀을 제외하고는 기대할 것이 있겠는가?

　천지의 마음은 지극히 인자하고, 만물의 영장은 사람이다. 따라
서 천지는 사람에게 이익을 가져다주고 해로움을 제거하고자 하여
안달이 날 지경이다. 이 풀이 이런 시대에 출현한 것을 보면, 도리
어 천지의 마음을 엿보기에 충분하지 않은가? 임금은 하늘을 도와
서 정치를 이루어내는 자이다. 어찌 몸소 솔선하여 가깝고 먼 곳까
지 교화하여 천박하고 고루한 속된 생각을 바꾸려는 노력을 그만
두겠는가? 그리하여, 남령초를 월령(月令)[18]에 싣고 의방(醫方)[19]에
기록하도록 명한다. 우리 강토의 백성들에게 베풀어줌으로써 그
혜택을 함께하고 그 효과를 확산시켜, 천지가 사람을 사랑하는 마
음에 조금이나마 보답하고자 한다.

　그래서 지금 그대 대부(大夫)들에게 또 친히 책문(策問)을 내어 묻
는다. 한편으로는 그대 대부들이 속된 견해에 갇혀 있지 않도록 하
기 위해서요, 또 한편으로는 그대 대부들에게 이 풀의 유래를 듣고

17_사물의 시초.
18_1년 12개월의 날짜와 절기(節氣)를 기록한 역서(曆書).
19_의서(醫書) 또는 처방 책자.

자 해서이다.

중국 사람은 남령초라고 부르고,[20] 동방 사람은 남초(南草)라고 부르며, 민(閩) 지역 사람은 연엽(煙葉)이라고 부른다. 또 박물가(博物家)들은 연다(煙茶)라고 부르기도 하고, 연초(煙草)라고 부르기도 한다. 어느 것을 올바른 명칭으로 삼아야 하는가?

처음에는 풀의 성질이 술을 깨게 하고 기분을 안정시킨다고 하여 죽통(竹筒)에 넣고 불을 붙여 연기를 흡입하였더니 신비한 효험을 제법 많이 거두었다. 그러나 독이 있을까 염려하여 함부로 시도하지 못했다. 그 뒤 그 효능을 잘 아는 자들이 나타나, 간장을 억제하고 비위를 도우며, 마비 증세를 없애고 습기를 제거하므로, 유익함은 있을지언정 정말 독은 없다고 말하는 자들이 많아졌다. 차츰차츰 세상에 성행하여 심지어는 말 한 필과 남령초 한 근을 바꾸기도 하였다. 지금에 이르러서는 곳곳에 재배하고 사람마다 먹어서 효험을 보고 있다. 그런데 금지하자는 것은 무슨 이유인가? 쓰기에 유용하고 사람에게 유익하기는 차나 술보다 낫다고 말할 수 있지 않은가?

어떤 이는 "《본초》에는 색깔과 모양, 냄새와 맛이 오늘날 부르는 초목과 맞지 않는 것이 많이 있다. 이 풀도 실은 《본초》에 들어 있는데 사람들이 깨닫지 못하는 것 아닐까?"라고 말하는데 이 주장은

20_ 중국 사람이 담배를 남령초로 부른다는 정조의 말은 오류다. 중국 사람들은 이 말을 잘 이해하지 못하였고, 오히려 조선 사람들이 담배를 남령초란 특이한 말로 부른다고 이해하였다.

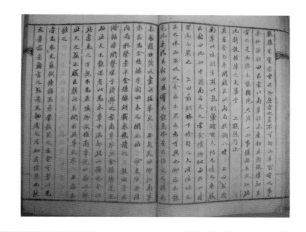

영조와 서명응(徐命膺)이 담배를 두고 주고받은 대화 대목. 서명응의 저술 《노훈필(爐薰筆)》에 1773년 영조가 입시(入侍)한 서명응과 담배를 두고 주고받은 대화가 실려 있다. 문장을 지을 적에는 한 주먹의 담배를 줄담배로 피운다고 서명응이 고백하자 영조가 폭소를 터뜨리면서 남초설(南草說)을 지어보라고 권유하는 내용이 나온다.

어떤가?

어떤 이는 "당현종(唐玄宗) 때 홍경지(興慶池) 남쪽에 술을 깨게 하는 풀이 있었다고 하는데[21] 혹시 이 종류가 아니겠는가? 중국에는 옛날부터 있었지만 단지 초목을 잘 아는 이를 만나지 못했을 뿐이다"라고 말한다. 이 주장은 또 어떤가? 그대 대부들은 그대들의 견문을 모두 동원하고 다방면의 사실을 끌어다가 자세하게 증명하

21_ 술에 취한 사람이 향기를 맡으면 술에서 깨는 풀로 곧 성취초(醒醉草)를 말한다. 《개원천보유사(開元天寶遺事)》에 "홍경지(興慶池) 남쪽 호반에 풀이 여러 포기 자라났는데 잎은 자주색이고 줄기는 은홍빛이었다. 어떤 사람이 술에 취해 풀 옆을 지나갔는데 자기도 모르는 새 취기가 가셨다. 그 뒤 술에 취한 사람이 풀을 따서 향기를 맡았더니 그 자리에서 술이 깼다. 그래서 그 풀을 술을 깨게 하는 풀이라고 지목했다"라는 이야기가 실려 있다.

도록 하라! 내 친히 열람하겠노라.

담배 옹호론자 가운데 대표적인 인물은 제왕인 정조 임금이다. 담배를 놓고 찬반양론이 분분하던 시대에 군주는 자신이 좋아하는 담배의 유용성에 질문의 무게를 두고 신하들에게 논해달라고 명을 내렸다. 군주가 신하들을 상대로 담배에 관한 정책 자문을 구한 것이므로 특별한 의미를 지닌다. 정조는 골초로 알려져 있다. 제왕으로서 애연가의 입장을 드러내기가 쉽지 않았을 텐데도 불구하고 정조는 공개적으로 의견을 표시했다. 그것이 바로 1796년 11월 18일에 조정 신하들에게 내린 남령초(南靈草) 책문(策問)이다.

책문은 정치에 관한 계책을 물어서 답하게 하던 과거의 한 과목이다. 지금으로 치면 통치자가 담배에 관한 정책안을 고위 관리자들에게 조리있게 제출하게 한 격이다. 왕의 일거수일투족을 세밀하게 기록한 《내각일기(內閣日記)》에는 이날 정조가 춘당대에 납시어 응제(應製, 임금의 명령에 의하여 글을 짓는 것)에 참여한 신하들에게 '남령초'를 책문의 제목으로 내어주어 많은 문신들에게 집으로 물러나서 글을 지어 바치도록 했다고 기록해놓았다. 이 책문은 정조의 문집에도 실려 있고, 정조의 책문만을 엮어놓은 문서에도 남아 있다.

정조는 담배를 배척하는 논리를 하나하나 예를 들어 반박하며 담배의 좋은 점을 나열했다. 담배가 건강에 해롭다는 주장에는, 담배는 우울증을 해결하는 약품으로 건강에 해롭지 않으며, "민생에

이롭게 사용되는 것으로 이 풀에 필적할 은덕과 이 풀에 견줄 공훈
이 있는 물건이 그래 어디 있는가?"라고 반박했다. 또 담배가 일본
에서 들어온 오랑캐의 풀이요 옛날에는 없던 물건이라서 배격한
다는 주장에는, 옛것만 편드는 좋지 못한 습성이라 비판하며, 최
근에 위구르에서 들어온 수박은 맛있다고 먹고 제사상에까지 올
리면서 왜 담배만 배척하느냐고 반박했다.

정조는 자신이 담배를 애호한다는 사실을 감추지 않고 드러냈다.
오로지 학문에만 전념한 지 수십 년 만에 가슴이 막히는 병을 얻
었고, 왕이 된 이후 정사를 보느라 잠을 자지도 못하는 병을 얻었
다. 온갖 치료를 다 해보았지만 효험이 없었는데 담배로 인해 가
슴이 막히는 병도 저절로 사라졌고, 밤잠도 편히 이룰 수 있었다.
국정을 고민할 때도 담배의 도움을 받고, 원고를 쓸 때도 담배의
도움을 받았다.

정조의 담배 예찬은 점점 더해, 담배가 지금 출현한 것에서 인간
을 사랑하는 천지의 따뜻한 마음을 엿볼 수 있다고 했다. 그러니
하늘을 대신하여 백성을 다스리는 자신이 담배의 혜택을 입지 못
한 백성들에게 담배를 피우게 할 의무가 있으며, 담배를 배격하는
사람들을 계도할 사명감을 느낀다고 했다. "우리 강토의 백성들에
게 베풀어줌으로써 그 혜택을 함께하고 그 효과를 확산"시키고자
한다고 선언했다. 아마 정조의 이런 책문을 읽으면 현대인은 어안
이 벙벙하겠지만 정조가 문신들을 상대로 이 책문을 내린 것은 사
대부들이 '속된 견해', 다시 말하면 담배는 해롭다는 따위의 부정

적 생각을 견지한 사람들을 계도하기 위한 목적임을 분명히 밝혔다. 담배의 유래를 알기 위한 목적은 그야말로 부수적이었다.

정조는 담배를 극히 애호하였던 애연가였다. 애연가답게 담배에 우호적인 정책을 펼쳤다. 사적인 자리에서는 담배의 유익한 점을 신하들에게 역설하기도 했다. 다음은 1797년에 총신인 윤행임(尹行恁)에게 정조가 한 말이다.

"담배[南草]는 사람에게 유익하오. 더위를 당해서는 더위를 씻어주는데, 기(氣)가 저절로 내려가므로 더위가 저절로 물러가오. 추위를 당해서는 추위를 막아주는데, 침이 저절로 따뜻해지므로 추위가 저절로 막아진다오. 밥 먹은 뒤에는 그 도움을 받아 음식이 소화되고, 변을 볼 때는 악취를 물리치오. 잠을 자려고 하나 잠이 오지 않을 때 담배를 피우면 잠이 온다오. 시를 읊거나 문장을 지을 때나 남들과 대화를 나누거나 조용히 앉아 있을 때도 사람에게 유익하지 않은 것이 없소. 옛사람으로는 오로지 장유(張維)만이 이 담배의 맛을 조금 알았다고 하겠소."❶

그렇다면 정조는 무엇 때문에 이 책문을 내린 것일까? 18세기에는 조정에 금연 상소가 지속적으로 올라갔고 그러한 사정은 정조 치세에도 마찬가지였다. 내용을 통해 볼 때도, 당시 팽배해 있던 금연론에 자극받아 내린 것이 아닐까 한다. 책문의 마지막 부분에서 "금지하자는 주장은 무슨 이유인가? 쓰기에 유용하고 사람에게 유익하기는 차나 술보다 낫다고 할 수 있지 않은가?"라고 말한 까닭도 여기에 있다. 정조의 입장에서는 사람에게 유익하기가 차나 술보다 나은데도 금연론을 주장하는 신하들이 적지 않아 자신의 생각을 공표할 필요가 있었던 듯하다.

동서양을 통해 담배가 끼치는 산업이나 건강 따위의 폐해를 인지하여 금연령을 내렸던 통치자가 적지 않았고, 특별한 애연가 역시 적지 않았지만, 이처럼 백성들을 흡연으로 이끌고자 노력한 통치자가 또 어디 있을까 의문이다.

6

금연책을 제안한다 記烟茶

이덕리(李德履)

　연다(烟茶, 곧 담배)는 일본에서 전해졌다. 사람들은 이런 전설을 말한다. 남편이 가래 끓는 병을 앓는 일본 여자가 있었다. 여자는 자기가 죽어서라도 남편의 병을 낫게 하기를 늘 소망했다. 그 뒤에 과연 그 여자의 무덤에 풀이 돋았다. 남편이 그 잎을 따서 연기를 피워 들이마시자 병이 정말로 나았다. 그래서 이 풀을 담박귀(淡泊鬼)라고도 하고, 담파괴(痰破塊)라고도 한다. 우리나라에서는 이 풀을 남령초(南靈草)라 부르고, 또 그냥 남초(南草)라 부르기도 한다.

　계곡(谿谷) 장유(張維)의 《계곡만필(溪谷漫筆)》에는 담배의 이로운 점과 해로운 점을 기록해놓았는데,[1] 해로운 점이 다수를 차지한다. 계곡은 담배를 몹시 즐긴 사람이었다. 선원(仙源) 김상용(金尙容)이 일찍이 인조 임금께 "전하께서는 장 아무개를 데려다 쓸 만한 사람이라고 말씀하셨습니다. 하지만 담배를 피우지 말라는 신의

1_《계곡만필(溪谷漫筆)》제1권에는 〈남령초 흡연〉·〈남초가 앞으로 중국의 차처럼 세상에 쓰일 것이다〉·〈남초의 효능을 칭송함〉·〈남초를 배척하는 사람들〉 등 네 개의 조항이 있어 담배의 문제를 집중적으로 다루고 있다.

기방 풍정. 작자미
상, 《사계풍속도첩
(四季風俗圖帖)》,
국립중앙박물관 소
장. 19세기. 기방
에 남정네들이 출
입하고 있는데 기
생과 남자들의 손
에 대부분 장죽이
들려져 있다. 유흥
의 공간에서 담배
는 빠질 수 없는
물건이었다.

담배가게. 〈연광정연회도〉 부분, 국립중앙박물관 소장. 사람들이 많이 오가는 연광정 입구 번화한 거리에 담배가게가 있다. 가게에서 상인이 작두로 담배를 썰어 손님에게 판매하고 있다. 평양은 조선 후기 담배산업의 중심지로서 질 좋은 담배와 화려한 담배용구를 만든 곳이다.

경계에도 불구하고 그는 끝내 끊지 못했습니다. 이것은 그가 쓸 만한 사람이 아니라는 하나의 증거입니다"라고 아뢴 적이 있었다. 사실 계곡은 선원의 사위였다. 늘 선원의 꾸중을 듣고 담배를 끊으려 했지만 끊지를 못했다. 그래서 자기 저서에 그 사실을 적은 것이다. 비변사 청사 안에서 담뱃대를 가로 물기 시작한 것은 계곡부터라고 세상에는 전해온다.

담배가 유행한 지 채 수백 년이 지나지 않았는데도 천하에 두루 퍼졌다. 중국과 일본에서는 모두 잘게 썰고 찐 다음 말려서 독한 기운을 제거한다. 유독 우리나라 사람만 담뱃진이 짙게 묻어나야 진귀한 맛이라 여긴다. 심지어는 담뱃잎을 자르지도 않고 연기를 들이마시기까지 한다. 오로지 담배가 맵고 쓰지 않을까만을 염려한다.

다른 나라의 경우에는 담배를 피운 지가 오래되었음에도 불구하고 술을 마실 때 잠깐 피운다. 혹은 담뱃대 옆에 작은 구멍을 뚫어 구멍 속으로 불이 나타나면 그만 피운다. 반면에 우리나라 사람들은 천천히 오래 끌면서 피워야 맛있다고 하여 담뱃잎이 재로 바뀐 뒤에야 그만 피운다. 그래서 사람의 기운을 소모하고 할 일을 방해하는 정도가 특히 심하다.

나의 생각은 이렇다. 담배가 진기(眞氣)를 소모시키는데 이것이 첫 번째 해로움이다. 눈이 침침해지는 것을 재촉하는 것이 두 번째 해로움이다. 담배 연기가 옷가지를 더럽게 물들이는 것이 세 번째 해로움이다. 연기와 담뱃진이 의복과 서책을 더럽게 얼룩지게 만드는 것이 네 번째 해로움이다. 불씨가 늘 몸을 떠나지 않아 자칫 실수하기 쉽다. 작게는 옷에 불구멍을 내고 방석을 태우며, 크게는 집을 태우고 들판을 태운다. 이것이 다섯 번째 해로움이다. 입 안에 늘 긴 막대기를 물고 있기에 치아가 일찍 상한다. 간혹 목구멍을 찌르는 불상사도 염려된다. 이것이 여섯 번째 해로움이다. 구하는 물건이 작은 것이라 큰 거리낌이 없다보니 위아래나 노소를 따질 것도 없고, 친소(親疎)와 남녀를 따질 것도 없이 서로서로 구하기를 그치지 않는다. 간혹 담배를 얻으려다 망신을 당하기도 하고, 간통을 매개하기까지 한다. 이것이 일곱 번째 해로움이다. 집에 머무는 자는 화롯불의 숯을 일삼지 않으면 끊임없이 불을 가져오라 야단이고, 길을 떠나는 자는 부시와 담뱃갑을 챙기는 것이 언제나 번거로운 한 가지 일이다. 이것이 여덟 번째 해로움이다. 한번 들이마시고 한번 내쉬는 행위가 오만한 자세를 조장하고 건방진 태도를 갖게 하는데 다른 음식에 견줄 바가 아니다. 따라서 젊은이가 자리를 피해 숨는 습속을 만들어놓고, 아랫사람이 윗사람을 무시하는 행태를 조장한다. 이것이 아홉 번째 해로움이다. 담배란 물건은 항상 입과 손을 써야 한다. 그래서 일을 할 때는 이쪽에서 거추장스럽고 저쪽에서 방해를 받는다. 다른 사람들과 대화를 나눌 때도 앞뒤의 말이 자꾸 끊긴다. 공경스런 자세를 지녀야 하는 예법에도 어긋나고, 또 용모를 단정히 하라는 가르침에도 소홀해진다. 이것이 열 번째 해로움이다.

그러자 손님이 내게 이렇게 말했다.

"담배의 해로움은 정말 당신의 말대로다. 그러나 담배가 없어서는 안 될 곳이 또 몇 있다. 밤비 내릴 때 여관에 동무 하나 없이 쓸쓸하다. 누워서 잠을 청해도 잠은 오지 않고, 입은 텁텁하고 목은 탄다. 화로를 뒤적이자 반가운 벗은 자리 곁에 나타나고, 담뱃대를 빨아대자 침은 저절로 솟아난다. 이것이 담배가 없어서는 안 될 첫 번째 이유다.

잠에서 깨어 아직 몽롱한 상태에서 호흡을 잠깐 조절한다. 곁에서 하인은 쓰러져 곤하게 자고 등불은 가물가물하다. 입술에 담배를 물고 있다보면 끙끙대며 걱정할 일도 절로 잊어진다. 이것이 담배가 없어서는 안 될 두 번째 이유다.

잔치를 마치고 난 뒤에 술도 떨어졌고 차도 떨어졌다. 진한 단내와 느끼한 기름기가 이와 혀에 가득 남아 있다. 담배를 피우자 이뿌리가 깨끗하게 씻어지니 굳이 복숭아나무 이쑤시개를 쓸 필요가 있을까? 혀뿌리를 본래대로 맑게 만들기가 설도(雪桃, 이쑤시개)보다 빠르다. 이것이 담배가 없어서는 안 될 세 번째 이유다.

손님을 모신 잔치 초반에는 주인과 손님이 서먹서먹하다. 인사를 마치고 난 바로 뒤에는 멀뚱멀뚱 바라만볼 수밖에 없다. 담배를 꺼내 피우면, 멀리서 온 손님을 반갑게 맞이하는 자리도 만들어지고, 허공으로 시선을 돌릴 핑계도 생긴다. 이것이 담배가 없어서는 안 될 네 번째 이유다.

의정부와 비변사에는 소속된 관료들이 자리를 가득 메우고 있다. 국사를 처리할 대책을 전혀 내놓지 못해 부끄러운 때, 모든 시선이 내게로 집중되어 민망하기 짝이 없다. 담뱃대를 만지작거리고 있으면 무언가를 계획하는 태도로 보일 수도 있고, 담배 연기를 머금고 있으면 심사숙고하는 자세처럼 보인다. 이것이 담배가 없어서는 안 될 다섯 번째 이유다.

변방으로 사랑하는 사람을 보냈고, 남쪽 포구에서 미인과 이별하였다. 눈이 뚫어지게 뒷모습을 쳐다보다가 넋이 빠지고, 꿈속에서 자주 우느라 정신이 까마득하다. 담배를 피우자 높은 산에서 바위가 굴러 내려가듯 답답한 기분이 빨리도 가라앉고, 바늘구멍을 통해 본 수레가 지나가듯 번민이 순간적으로 해소된다. 이것이 담배가 없어서는 안 될 여섯 번째 이유다.

시를 지었으나 미처 다듬지를 못했고, 장편의 글을 썼지만 아직 껄껄하기만 하다. 붓을 잡고 수정할 힘도 다 빠져서 턱을 괸 채 무료하게 앉아 있다. 그때 여의(如意)²를 잡자마자 생각이 용솟음친다. 언뜻 기발한 발상이 튀어나와 화려한 말이 뭉게구름 피어오르듯 일어난다. 이것이 담배가 없어서는 안 될 일곱 번째 이유다.

뙤약볕 아래 밭에서 김을 매느라고 땀이 흙 위에 뚝뚝 떨어진다. 여름비 내려 모내기하느라고 진흙물이 뱃가죽까지 들어찬다. 도롱이 속에서 부시를 치자 밀짚모자 아래서 담배 연기가 피어난다. 일

2_여의는 범어 아나률타(Anuruddha, 阿那律陀)의 번역으로 승려가 독경(讀經)·설법(說法)할 때 지니는 도구이다. 석자쯤 되는 길이로 뼈나 대, 옥, 돌, 동 따위로 만들었다. 또 강론하는 스님이 잊지 않기 위해서 글을 기록해두고 참고하는 데 쓰는 것이기도 하며, 등의 가려운 데를 긁는 기구로도 쓰였다. 여기서는 담뱃대를 비유한다.

하다 쉬는 틈을 만들기에 수고로움을 잊게 하고 고생도 즐거움이 된다. 이것이 담배가 없어서는 안 될 여덟 번째 이유다.

산골 집에 손님이 찾아왔으나 술 한 잔도 장만하기 어렵다. 담뱃잎 하나를 썰어서 내놓기가 야박한 대접이라고는 하나 아무것도 내놓지 못하고 마주 앉은 것보다는 훨씬 낫다. 이것이 담배가 없어서는 안 될 아홉 번째 이유다.

절집의 해우소나 주막의 뒷간은 찌는 듯한 더위나 장맛비에는 똥냄새가 위로 올라와 코를 막을 방책이 없다. 이것이 담배가 없어서는 안 될 열 번째 이유다.

담배는 배고픈 자는 배부르게 하고, 배부른 자는 소화를 도와주며, 추운 자는 따뜻하게 하고, 더운 자는 시원하게 한다.[3] 비록 이런 이야기가 담배에 푹 빠진 골초의 변명이기는 하나 가만히 보면 일리가 없지 않다. 그러나 이제 와서 굳이 그 이야기를 꺼낼 필요는 없겠다.

쓰러져가는 초가집에 사는 고단(孤單)한 사내의 경우를 보자. 송곳 꽂을 땅조차 없는데도 관아의 부역과 끌어다 쓴 사채는 아무리 해도 대책이 없다. 쟁기를 들고 산에 들어가 따비밭에 불을 지르고 흙덩이를 부숴 개간한다. 게알같이 작은 담배씨를 뿌리자 봉황 꼬리 같은 담뱃잎이 쭉쭉 커나간다. 오곡은 아직 다 자라지도 않았지만 이것은 벌써 시장으로 내간다. 손대중으로 근량(斤兩)을 따져서

3_ 둘째 권의 〈4. 담배의 효과〉에서 설명한 내용을 참조하라.

주막. 김홍도, 《단원풍속도첩》, 국립중앙박물관 소장. 주막에서 막걸리와 밥을 팔고 있다. 국밥을
먹는 이 옆에 등짐을 진 사람이 입에 곰방대를 문 채 쌈지를 열어 값을 치르려는 장면이다. 입은
옷과 머리 형태, 곰방대를 물고 있는 모습 등에서 서민적 체취가 물씬 풍긴다.

금전을 얻는 사람이 많다. 등짐으로 져 나르고 머리에 이고 와서 파는 물건치고 이 담배보다 큰 이익은 없다. 빚진 것을 갚고 밀린 세금을 내고 나선, 의기양양 집으로 돌아온다. 처자식들은 기뻐 죽겠다는 얼굴빛인데, 난폭한 아전은 공갈치던 위세를 잃는다. 더 이상 다른 곡식을 심지 않고 거두지 않아도 한 해가 다 가도록 죽을 끓여 먹을 수 있다. 이것이 담배 농사짓는 이로운 점이다.

작은 고을의 가난한 장사꾼은 장사 밑천이 너무 적어 비싼 물건을 매매하자니 돈이 없고, 싼 물건을 무역하자니 들어가는 품이 아깝다. 싸지도 않고 비싸지도 않은 물건을 찾다보면 그게 바로 연초잎이다.

진안과 삼등⁴에서 나는 담배는 품질이 서쪽과 남쪽에서 으뜸인데 썰어놓은 연초 궤짝 하나의 값이 서울의 절반이다. 등급을 매기고 값을 정하며, 잎의 빛깔을 살피고 맛을 식별한다. 물량이 조금 되면 바리에 싣고, 전대가 비었으면 등과 어깨에 짊어진다. 장사를 못해도 입에 풀칠은 가능하고, 솜씨가 좋으면 부자가 될 수도 있다. 이것이 담배 장사를 하는 이로운 점이다.

놀고먹는 무리들은 멀리 다니며 장사하는 것을 꺼린다. 인적이 많은 대로와 나루터를 차지하고 높은 언덕에 올라가 살피다, 꾀 많은 토끼처럼 기회를 틈타 달려와 싼 물건을 내놓고서 달라붙어 판다. 하루 사이에도 통하고 막혀 자주자주 변하고, 수완의 발휘가 뛰

4_진안은 전라도, 삼등은 평안도 지명으로 모두 담배의 명산지다.

어나기도 하고 형편없기도 하다. 양을 덜어내고 나쁜 것을 끼워넣는 수단이 입신의 지경에 이르러 귀와 눈으로 가려내기 어렵다. 게다가 다시 패거리를 결탁하는 꾀를 내어 우수리를 줍고 찌끄러기를 모으니 그것만으로도 오히려 술 한 번을 마실 수 있다. 어쩌다 운수가 트이면 기막힌 이익이 남기도 한다. 이것이 좌판을 벌여 담배 장사를 하는 이로운 점이다.

담배가 없어서는 안 될 열 가지 이유가 있는데다 이러한 세 가지 큰 이익이 있다. 아무리 해악이 열 가지가 있다 해도 아무래도 없애기는 불가능할 것이다."

그 말을 듣고서 나는 이렇게 대꾸했다.

"담배가 없을 수 없다는 당신의 주장을 나도 감히 묻어버릴 수는 없다. 그러나 세 가지 큰 이익이라고 말한 것은 실제로는 세 가지 큰 해악이다. 내가 전에는 미처 거기까지 언급하지 않았지만 당신의 말이 여기까지 미쳤으므로 이제는 따져 말하지 않을 수 없다.

사자는 코끼리를 잡을 때도 온 힘을 쏟고, 공을 굴릴 때도 온 힘을 쏟는다. 온 힘을 쏟지 않고 제 소유로 만들 수 있는 것은 세상에 없다. 여기에 쟁기를 들고 산에 들어간 사람이 있다 하자. 그가 땅 몇 뙈기를 파서 곡식 한 말을 파종한 다음, 담배의 뿌리를 북돋고 싹을 베는 힘을 가져다 잡초를 김매고 강아지풀을 제거하는 데 쏟는다면, 이삭이 무성하지 않을까 걱정하지 않아도 된다. 또 담배의 줄기를 자르고 잎을 엮는 힘을 가져다 담장을 쌓아 벼를 거두는 데 쏟는다면, 농사가 제철마다 잘 되지 않을까 근심하지 않아도 된다.

남에게 물건을 팔아 물건 값을 받으니 내 힘으로 내가 먹을 것을 장만하는 것이 낫지 않은가? 담배를 가져다 남에게 파느니 남에게 먹을 것을 가져다 혜택을 주는 것이 낫지 않은가? 이것이 담배 농사 짓는 해로운 점이다.

장터를 쫓아다니는 장사꾼들이 있다고 하면, 소가 땀을 흘리고 짐 실은 어깨가 벌겋게 되도록 담배를 운송하느라 고생하는 노력을 곡물을 실어 나르는 데 쏟도록 하자. 그러면 순창과 봉화의 쌀이 잇달아 수송되어 묵은 쌀이 없을 것이다. 저자에 줄지어 선 가게에 장사꾼들이 있다고 하면, 담뱃잎을 쪼개고 담배 줄기를 가르는 뛰어난 기술을, 아주 적은 양의 무게도 정성을 기울여 다는 데 쏟도록 하자. 그러면 동래(東萊)와 무(蕪)[5] 백성이 날마다 불을 때서 밥을 짓느라 시루에 먼지가 앉는 일이 없을 것이다.

이런 노력은 들이지 않고 오로지 저 담배에만 힘을 쏟아, 저잣거리에 쌓여 있는 것이 거개가 독한 냄새와 괴로운 먼지에 불과하다. 주머니 속에 남아 있는 것이라곤 쓰다만 동전닢에 지나지 않는데, 며칠 사이에 실낱같은 연기로 바뀌어 허공으로 돌아가버린다. 이런 것이 어찌 신농씨가 대낮에 시장을 열게 한 본래의 뜻[6]이겠는가?

5_무는 지명이나 어느 지역을 가르키는 미상이다.
6_고대의 제왕인 신농씨는 해가 중천에 떴을 때 시장을 열어 물건을 교환하게 했다고 한다. 《주역(周易)》〈계사하(繫辭下)〉에 "해가 중천에 떴을 때 시장을 열어 천하의 백성을 불러들이고 천하의 재물을 모아서 교역한 다음 물러나게 함으로써 제각기 제자리를 얻게 하였다(日中爲市, 致天下之民, 聚天下之貨, 交易而退, 各得其所)"라는 대목이 나온다.

이것이 담배 장사를 하려고 좌판을 벌이는 해로운 점이다.

이러한 세 가지 큰 해악은 앞서 말한 열 가지보다 해악이 더 크다. 그런데도 당신은 오히려 이것을 큰 이익이라 간주하는데, 오류가 아닌가?

이제 우리나라 360개 고을 가운데 ─ 큰 고을은 더 많을 것이고, 작은 고을은 그 수에 미치지 못하겠지만 ─ 요컨대, 하루 사이에 한 고을 안에서 담뱃대를 물고서 연기를 뿜어대는 자가 일만 명 아래로는 내려가지 않을 것이다. 담배를 피우는 값을 1문(文)이라 계산하면, 360일로 누계하여 1,260만 냥이 된다. 이 1,260만 냥은 온 나라에 흉년이 들었을 때 구휼하는 재물로 삼더라도 넉넉할 것이다. 이것으로 평년(平年)에 온 백성이 입고 먹는 비용의 절반을 충당하는 것도 가능하다. 만약 담배 농사를 금하고 금연할 수 있다면, 이는 해마다 360개 고을 백성들에게 1,260만 냥을 나눠주는 것이다. 그러니 나라를 부유하게 만들고 백성을 넉넉하게 만드는 것이 적다고 할 수 있겠는가? 더욱이 곡식을 생산하는 도리와, 균등하게 운반하는 이익은 또 이런 문제와는 별개이므로 더 말할 나위가 있겠는가?"

내 말에 손님은 또 이렇게 의문을 표했다.

"당신의 말은 담배의 해악을 정말 남김없이 드러냈습니다. 그러나 위대하신 우임금께서 술을 미워하셨음에도 불구하고 음주를 금지하지는 못했고, 선왕(先王)께서 금주(禁酒)를 시행하셨지만 끝까지 밀고가지 못하셨지요. 그 까닭은 이로움과 해로움이 반반인데

다 즐기는 자가 많았기 때문입니다. 이제 술은 접어두고 더 이상 따지지 않겠습니다. 황정견(黃庭堅)은 차를 읊은 사(詞)[7]에서 차 맛을 극단적으로 형용한 일이 있습니다. 〈일곡주(一斛珠)〉란 작품에서는 "밤 깊어 선궐(仙闕)에서 돌아오네. 대로에서 말을 달려, 거리에 가득한 달빛을 밟아 부순다"[8]고 했습니다. 또 〈완랑귀(阮郞歸)〉란 작품에서는 "붉은 갑사 등롱 아래 금안장에 뛰어올라, 돌아올 때 님은 난간에 기대었지"라 했습니다. 또 〈품령(品令)〉에서는 "등불 아래 만 리 타향에서 돌아온 벗과 마주 앉은 듯. 입으로 말은 못해도 마음속 상쾌함은 나홀로 아네"라 했습니다.

사람이 즐기는 것에 집착하는 정도가 이렇습니다. 그렇다면 부형(父兄)이라도 자제들에게 반드시 즐기는 것을 그만두게 하기가 쉽지 않습니다. 더욱이 담배를 즐기는 것은 이보다 훨씬 더 심하므로 말할 나위가 없습니다. 다행히도 우리나라 조정에서 법으로 금하는 것에 담배는 들어 있지 않습니다. 조정에 가득한 공경(公卿)들 중 계곡 장유보다 담배를 더 즐기지 않은 이가 없습니다. 그런 지경이므로 어느 누가 온 나라 천 명 만 명을 볼모삼아 시시때때로 얻을 수 있는 자기의 통쾌함을 즐겨 버리려 들겠는지요? 그렇다면 담배를 금지시키는 법이 어떻게 가능하겠습니까?"

7_ 중국 운문의 한 형식으로, 당나라 이후 오대(五代)를 거쳐 송나라에서 크게 성행하였다. 〈일곡주(一斛珠)〉·〈완랑귀(阮郞歸)〉·〈품령(品令)〉은 모두 사의 노래 이름이다.

8_ 이 작품은 송사(宋詞)로서 그 작자가 황정견(黃庭堅)이라고 하는 곳도 있으나 현재는 작자가 불분명한 작품으로 알려져 있다. 차를 읊은 명시 가운데 하나다.

그 말을 듣고 나는 다시 설명했다.

"담배를 금하는 것은 술을 금하는 것보다는 아주 쉽지요. 아주 쉽고 말고요. 첫 해에 영(令)을 내리고 다음 해에 금지시키는데요, 첫 해 정월에 담배 씨앗을 거둬다가 큰길거리에서 불살라버립니다. 금연령을 시행하는 해 정월에는 아직 남은 담뱃잎을 거둬다가 불사르고, 담뱃대를 만드는 일도 금지시킵니다. 여름과 가을에는 경차관(京差官)[9]을 분산해서 파견하여 깊은 산 궁벽한 골짜기의 밭 두둑과 울타리 사이를 뒤져 담배를 심은 자에게는 중형을 내리고, 고발하지 않은 자에게는 그에 버금가는 형벌을 가합니다. 동래(東萊)와 의주(義州)의 외국과 무역하는 시장에 시장을 열기 전 공문을 보내 담배를 가지고 국경을 들어오지 못하도록 조치합니다. 이러한 금연책을 1년만 시행하면 흡연 습관을 잊을 수 있고, 2년이면 담배 맛을 잊을 수 있습니다. 담배를 끊기 어려운 것은 습관과 맛 때문이지요. 습관과 맛 두 가지를 모두 잊은 뒤에는 끊을 수 있습니다."

이 글의 제목은 〈기연다(記烟茶)〉로 '연다(烟茶), 곧 담배를 기록한다'는 의미이다. 그 핵심 내용이 금연이어서 제목을 이와 같이 붙였다. 이덕리(李德履, 1728~?)의 문집인 《강심(江心)》의 27면에서

9_ 조선시대에 지방에 파견하여 임시로 일을 보게 하던 관직이다. 주로 전곡(田穀)의 손실을 조사하고 민정을 살피는 일을 맡았다.

34면까지 8쪽에 걸쳐 수록되어 있다. 저자인 이덕리는 18세기 중반에 활약한 무인으로 종2품 창경궁 위장을 지냈다. 정치적 사건에 연루되어 진도에서 18년 이상 유배 생활을 하다가 그곳에서 죽었다. 그는 부국강병책을 제안하는 저술 《상두지(桑土志)》를 지었는데, 이 책에는 국방을 위한 다양한 논의가 담겨 있다.

한편, 《강심》에는 차를 재배하고 담배를 금지함으로써 경제적 이득을 얻자는 논의가 펼쳐져 저자의 부국강병론의 일부를 구성하고 있다. 이 저작에는 차(茶)의 이모저모를 포괄적으로 논한 〈기다(記茶)〉가 수록되어 있는데, 그동안 다산 정약용이 지었다는 〈동다기(東茶記)〉로 잘못 알려져 있던 자료다. 최근 한양대 정민 교수에 의해 발굴되어 그 전모가 소개되었다. 이와 함께 이덕리는 흡연의 폐해를 문답식으로 논한 〈기연다〉를 썼다. 이 글에서 그는 아주 흥미로운 주장을 펼치고 있다. 보통의 금연론이 흡연으로 인한 폐해를 논하는 데 그쳤다면, 이덕리는 경제적 폐해를 비중있게 논했다. 그는 금연이 개인적인 이득을 줄 뿐만 아니라 매년 360개 고을 백성들에게 1,260만 냥을 나눠주는 효과를 낳아, 나라를 부유하게 만들고 백성을 넉넉하게 만들 수 있다고 말했다. 금연의 정책적 효과를 제안한 주장 가운데 설득력을 지닌다. 그러나 통치자가 의욕만 있다면 금연을 쉽게 시행할 수 있다고 말한 것은 현실을 지나치게 낙관적으로 본 것이다.

7

담바고 사연 淡巴菰説

이 현 목(李顯穆)

    남방 지역으로부터 전해진 풀이 있다. 《본초(本草)》에는 그 이름이 실려 있지 않아 풀의 성질이 어떠한지를 알지 못한다. 세상에는 이런 사연이 전한다.

    "옛날 담파(淡婆)라고 부르는 여인이 있었는데 아주 음란했다. 천하의 남자를 모두 제 남편으로 삼지 못한 한을 품고 죽었다. 그 여인의 넋이 이 풀로 변해 그 무덤에서 자라났다. 모두들 그 풀을 좋아했기에 그 이름을 담파라고 한다."

    어떤 사람은 또 이렇게 말한다.

    "이 풀은 먹으면 담(痰)을 없애주기 때문에 담파(痰破)라 부른다."

    전하는 두 가지 사연 가운데 어떤 것이 진실인지는 알 수 없다. 또 패설(稗說)¹을 보았더니 이런 사연이 적혀 있었다.

    "연해(燃海)² 부근에 여송(呂宋)이란 나라가 있는데 그 나라 땅에

1_ 야사와 민간에 떠도는 전설을 기록한 책.

서는 특이한 풀이 자란다. 그 이름이 담파고(淡巴菰)다. 숭정(崇禎) 말년에 처음으로 중국에 들어왔지마는 금지하였기 때문에 피울 수 없었다."

이 사연 또한 정말인지 믿을 수 없다.

나는 아이 적에 노인들이 하시는 말씀을 들었다. 노인들이 아이 적에 간혹 피운 사람들이 있었고, 그 이름을 남초(南草)라고 했으며, 당시에는 지금처럼 성행하지는 않았다는 말씀이었다.

그 풀이 우리 동방에 전해진 시기를 따져보면, 겨우 일백여 년을 넘지 않는다. 그렇건만 현재는 즐기지 않는 사람이 아무도 없다. 윗사람 아랫사람, 늙은이 젊은이, 남자 여자를 따질 것 없이, 모두들 담뱃갑을 차고 대통을 휴대하고서 담배를 피워댄다. 피우지 않으면 도리어 괴상하게 생각한다.

나 또한 십여 세 때 남들이 피우는 것을 보고서 담배를 피웠다. 지금은 피우는 정도를 넘어서 즐기게 되었다. 비록 담배를 피우고, 그것도 즐겨 피우지만, 담배가 이로운지 해로운지 처음부터 몰랐다. 담배를 피우면서도 그 성질을 모르고, 오히려 한술 더 떠 마치 마시는 음료와 먹는 음식이 달고 좋은 것처럼 즐기기까지 한다. 어찌 괴상히 여길 일이 아니겠는가?

밥은 입으로 알갱이를 씹고 물은 입으로 액체를 마신다. 꿀은 단맛이 있기에 좋아하고, 고기는 좋은 맛이 있기에 즐긴다. 이처럼 모

2_미상. 글자에 오류가 있는 듯하다.

점괘. 김홍도, 《단원풍속도첩》, 국립중앙박물관 소장. 승려들이 점괘를 보는 앞에서 여인이 쌈지
를 열어 돈을 꺼내려 하고 있다. 머리를 딸은 몸종이 머리에는 그릇을 이고, 한 손에는 부채를,
한 손에는 장죽을 들고 있다. 이덕무가 "계집종이 담배 피우는 도구를 들고 가마 뒤를 따르는 것
은 볼 때마다 밉다"고 할 만큼 여염집 여인의 흡연은 흔했다.

든 음식은 실제로 무언가를 씹거나 삼키며, 또 맛이 달고 좋다. 그러므로 즐기는 것이 당연하다. 그런데 이 풀의 경우에는, 비록 먹는다고는 하지만 실제로는 무슨 낟알을 씹는 것도 아닐 뿐만 아니라, 액체를 마시는 것도 아니다. 그저 불로 그 잎사귀를 태우고 입으로 그 연기를 호흡할 뿐인데 먹는다고 한다.

연기란 비어 있는 물건이다. 아무리 삼켜서 소화시킨다고 할지라도 배를 부르게 하는 효과가 있다고는 할 수 없다. 더구나 들이마셨다가 다시 내뱉어서 입 밖으로 흩날려 보내는 기(氣)가 아닌가? 그것을 음식이라고 하는 근거가 어디에 있는가? 더욱이 담배의 맛이란 고기의 좋은 맛도 아닐뿐더러 꿀의 단맛도 아니다. 많이 들이마실 경우에는 독성이 혀를 쏘고, 머리를 어지럽게 만든다. 그것이 독이 된다는 것을 잘 알지마는 그럼에도 모두들 즐긴다. 어찌 괴상히 여길 일이 아니겠는가?

담배를 즐기는 사람들은 이렇게 말한다.

"천하에 맛이 좋기로는 이 풀만 한 것이 없다. 그 가운데 특히 기이한 맛을 낼 때가 있다. 빗속에서 말 위에 걸터앉아 담배 연기가 비옷 밖으로 새어나올 때는 맛이 좋을 뿐만 아니라 향기 또한 기막히다. 집에서 측간에 올라앉아 담배 연기가 똥냄새를 막아줄 때는 맛도 좋을뿐더러 향기 또한 기막히다. 새벽에 잠에서 깨어 일어나 앉았을 때 담배 한 대 가볍게 들이마시면 입 안의 더러운 침이 깨끗하게 씻긴 듯하다. 아침저녁으로 밥을 먹고 난 뒤에 서둘러 담배 한 대 목으로 넘기면 목구멍 사이에 남은 탁한 기운이 마치 새로 양치

수계도권(修褉圖卷) 부분. 유숙(劉淑), 1853, 개인 소장. 선비들이 시를 주고받는 품격이 있는 모임에서도 담배는 빠질 수 없는 기호품으로 등장하고 있다. 오랜 동안 차가 누렸던 사교의 촉매제 역할을 담배가 나누어 하고 있다.

를 한 듯하다. 시름에 빠진 사람이 긴긴 밤에 이것을 피워 동무로 삼으면 수많은 시름에 쌓인 가슴을 시원하게 해준다. 문사가 시인들 모임에서 이것을 피우면서 정신을 집중하면 새로운 시상을 가다듬는 데 도움이 될 수 있다. 손님들이 모인 자리에서 먼저 이것을 내밀어 접대하면 첫 대면했을 때의 서먹서먹함을 없앨 수 있다."

그들의 말을 들어보면 참으로 근거가 있어 보인다. 그러나 이것은 담배를 좋아해서 고질병이 되고말아 심하게 미혹된 결과이다. 참된 실정을 제대로 본 것도 아니요, 정확하게 맛을 음미해서 그런 것도 아니다.

내 생각을 논한다면, 이는 다름 아니라 사람을 미혹케 만드는 요망한 풀에 불과하다. 사람을 갖가지로 해쳐서 단순히 백성들의 재물을 소모시키는 데 그치지 않는다. 실제로는 사람의 풍속을 망가뜨려 세상 사람들이 모두 거기에 중독되어 있기에 누구도 깨닫지 못하고 있다. 참으로 이상한 일이 아닌가?

신체에 해가 되는 것을 시험삼아 말해보런다. 대추를 입에 물어 생기는 침을 삼키는 것은 양생(養生)하는 데 좋은 방법이다. 지금은 독을 빨고 있는 까닭에 옥 같은 침을 뱉어버리지 않을 수 없다. 유익한 침을 헛되이 낭비하니 어찌 건강에 해가 되지 않겠는가?

버들가지로 양치하여 이를 깨끗하게 하는 것은 몸을 정결하게 하는 방법의 하나이다. 지금 담배를 피우는 까닭에 대부분의 치아가 검게 물드는 결과를 면치 못한다. 깨끗하고 하얀 치아를 더럽히니 어찌 안타깝지 않은가?

작게는 날카로운 쇠가 윗잇몸을 깎아 상처를 내는 폐단이 있고, 크게는 긴 장죽이 목구멍을 찔러 손상시키는 재앙을 낳기도 한다. 이 모두가 이 풀이 불러들인 결과 아니겠는가?

물건에 해를 끼치는 점을 들어 말해보런다. 방과 대청을 깨끗하게 청소하는 이유는 청결하게 유지하기 위해서이다. 그런데 화로의 재와 부싯돌의 돌가루가 뒤섞여 주변을 어지럽히는 것을 금하기 어렵다. 창호지와 벽을 풀로 잘 바른 이유는 청결하고 하얗게 보이게 하기 위해서이다. 그런데 담배 연기가 물들이고 진액이 뿌려져 끊임없이 검게 더럽혀진다. 작게는 맵시있게 만든 옷과 이불가지가 담뱃불을 붙이다가 구멍이 나고, 크게는 잘 제본한 서책이 담

고누. 김홍도, 《단원풍속도첩》, 국립중앙박물관 소장. 나무하는 아이들이 지게를 걸쳐놓고 쉬면
서 고누를 두는 모습을 지켜보며 곰방대를 피우고 있다. 휴식과 여유를 표현하는 데 담배는 적
격이다.

뱃재로 인해 불이 나서 지전(紙錢)[3]을 사르는 꼴이 된다. 이 모두가 이 풀이 불러들인 결과 아니겠는가?

게다가 농부들이 경작할 때나 나그네가 길을 나설 때는 바빠서 다른 일을 할 겨를이 없다. 그러나 한번 담배를 피우고 싶은 생각이 나면 반드시 피우고서야 생각이 없어지므로, 농사에 방해가 되거나 길을 출발하는 것을 막는 따위는 돌아보지도 않는다.

일을 하려는 사람으로 하여금 쉴 틈을 만들도록 유도하고, 태만하도록 조장하는 것이 이 풀이다. 심지어는 탕자가 봄나들이 하고, 음부(淫婦)가 사통(私通)하는 짓거리가 대개 모두 담배 한 대가 매개하여 성사된다. 피차간에 담배를 주고받을 때 눈이 맞아떨어지고, 오고가며 담뱃대를 빠는 사이에 정을 도발한다. 그러니 풍속의 파괴가 특별히 이 풀이 빌미가 되었다고 아니할 수 없지 않은가?

아! 연초를 심는 밭이 곡식을 심는 밭보다 이익이 크고, 연초를 판매하는 상점이 다른 물건을 파는 상점보다 많다. 은죽 동죽을 제작하기 위해 장인들은 갖가지 기술을 최대한 발휘하고, 중국 담뱃대와 일본 담뱃대를 무역하고자 하여 만 리나 떨어진 곳까지 교통한다. 높은 벼슬아치는 한 길이나 되는 얼룩무늬가 있는 장죽을 끼고 대로에서 (길을 비키라고) 외치고, 짙게 화장한 여자는 은으로 새긴 오묘한 제품의 담뱃대를 가로 물고 비스듬히 주렴(珠簾) 안의 창가에 기대 있다.

3_죽은 사람이나 귀신이 쓰라고 지폐 모양으로 만들어 불에 태우는 종이돈.

관서 땅의 담배〔西草〕는 향기가 뛰어나고, 관동 땅의 담배〔峽草〕
는 맛이 좋다고 하여 그 등급과 품질을 다투어 말한다. 이문초(里門
草)는 많이 주고 이현초(梨峴草)는 맛이 빼어나다고[4] 제각기 그 장
점을 말한다.

인가에서 하루 동안 이 풀에 쓰는 돈이 많을 때는 엽전 수십 문
(文)인데, 적어도 2, 3문 아래로는 내려가지 않는다. 그렇다면 서울
장안의 수만 가구에서 쓰는 비용은 얼마나 많겠는가?

아! 옛사람은 무익한 일을 해선 안 된다고 가르쳤다. 더욱이 이
풀을 먹는 것은 무익할 뿐만 아니라 해악 또한 많지 않은가? 또 백
성들의 재물을 소모시키고 세상 풍속을 망가뜨리는 것이 이런 정
도이지 않은가?

이로써 보건대, 세상 사람이 해가 있음을 알면서도 피우는 것은
담배를 좋아하여 혹한 것이다. 해가 없다고 여겨 피우는 자는 특히
심하게 미혹된 자이다.

음식이 아닌 물건을 음식처럼 먹게 만들고, 달지 않은 맛을 단맛
처럼 즐기게 만든다. 사람을 미혹시키는 것이, 사람의 마음을 옮겨
가게 만드는 고혹적(蠱惑的)인 여인과 다름없다. 그것을 보면, 담파
고 무덤 위의 음탕한 귀신이 화한 것이라는 세상 사람들의 말이 비
록 불경스럽기는 하지만, 귀신의 일이 세상에 간혹 발생하니, 그 성
질과 맛으로 따져보건대, 도리어 그럴 법하다고 말할 수 있다.

4_ 이문초와 이현초는 각기 서울의 이문 시장과 이현 시장에서 파는 질이 좋은 담배를
   가리키는 말로 보인다.

이런 소문도 들은 적이 있다. 동쪽 교외에 있는 절에서 죽은 승려 한 사람을 다비(茶毘)했는데, 검은 기름이 응결되어 머리뼈 중간에 달려 있었다. 그 크기는 달걀만 했다. 절의 승려가 "이 승려는 평생토록 담배를 즐겼다"고 말했다. 분명코 독한 기운이 안에서 뭉쳐 이렇게 된 것이다. 또 어떤 사람이 다리가 아픈 병을 앓았는데 담배를 피워서 병이 생겼다는 말을 듣고는 바로 흡연을 중단했다. 그로부터 걷기가 수월해졌다고 한다.

이러한 일로 미루어보건대, 이 풀의 독기는 단지 병을 만들어내는 물건에 지나지 않을 뿐이지, 이른바 담을 없앤다는 것은 믿을 수 없음을 잘 알 수 있다.

그렇다면 이 풀은 사람에게 백 가지 해만 있고 한 가지 이익도 없다. 온 세상이 미혹되어 이런 지경에 이르렀으니 아까 내가 이른바 요망한 풀이라고 말한 것이 분명히 올바로 본 견해이다. 명나라 조정이 담배가 처음 남쪽으로부터 전해왔을 때 무언가 본 것이 있어서 금지한 것 아니겠는가?

지금 계획하건대, 요망하다는 한 단어로 판결을 내리고 담배를 심고 담배를 판매하는 일체의 행위를 엄하게 막아 먹고 싶어도 먹지 못하도록 한다면, 거기에서 얻는 이익이 한 사람의 몸에 그치지 않을 것이다.

오늘날 세상 사람들의 소견이 과연 그들의 미혹됨을 깨달을 수 있을는지 모르겠고, 그들의 논점이 과연 내가 보는 견해와 같아질 수 있을는지 모르겠다. 그래서 이 담파고 사연을 짓는다.

이 글은 이현목(李顯穆)의 문집 《소암집(笑庵集)》에 실려 있다. 이현목은 자신이 담배를 피우게 된 동기와 과정을 밝히고, 담배가 끼치는 해악을 조목조목 사례를 들어 해명하였다. 그는 애연가로서 담배를 오랜 기간 피우면서 그 폐해를 깨닫고 이러한 글을 쓴 것으로 보인다. 담배가 풍속을 망가뜨리고, 건강을 해친다는 등의 폐해를 지적한 몇 가지 사례는 눈여겨볼 만하다. 그는 담배가 요망한 풀에 지나지 않는다고 하면서 담배를 심고 판매하는 일체의 행위를 엄하게 막아야 한다고 주장했다. 그러나 그 자신도 흡연의 금지가 가능할지는 자신하지 못했다.

이 글 외에도 그는 담배를 읊은 시를 지었다. 안면이 없는 사람에게 담배를 빌리려다가 면박을 당하고 쓴 시다. 서울에서 있었던 사연인데 담배가 얼마나 중요한 일용품이었는지를 보여준다.

남초 노래(南草歌)

털벙거지 쓴 서울내기를
한양 대로에서 만났네.
연초 피우는 그를 보고
앞에 다가가 인사를 했네.
"비록 구면은 아니나
담배 한두 대만 주오."
그 사람 힐끗 보더니만

"댁은 어디 사람이오?" 묻네.

"한양 사오."

"세상 인심을 어찌 그리 모르시오.

연초는 돈 한 닢에

겨우 열 대를 얻는다오.

기름 먹인 쌈지에 고이 넣어두고

하루 동안 피울 셈인데

잎 하나인들 쉽게 여기겠소.

혼자 피우기도 넉넉지 않다오.

지친(至親)인 사촌 사이에도

겨우 한 번 피우게 하고,

새 사돈을 보게 될 때나

너그럽게 담배를 권하지요.

언젠가 사대부 집을 보니

연초 아낄 줄을 다 알더군요.

얼굴이 익은 사람이 아니면

담배 피우는 걸 허락 안 하고,

낯이 익은 사람을 만나야만

담배를 피우라고 권합디다.

허나 한 대는 허락해도

두 대는 좋아하지 않고

세 대는 정말 괴로워서

양미간을 찡그리는 기색이 벌써 나타나지요.

손님이 가면 담뱃갑을 매만지며

소매 속에 감추지 않았다고 후회하지요.

세상 인심이 이러한데

더구나 생면부지한테야 어쩌겠소.

나더러 박정하다 하지 마오.

주고받는 것은 풍속 따라 하는 법이니."

그 말 듣고 할 말이 없어

그저 탄식이나 내뱉네.❶

18세기 자료인 이 시는 서울 사람들의 담배 인심이 몹시 사나움을 실감나게 묘사하고 있다. 생면부지(生面不知)에게는 담배를 주지 않고, 더욱이 친척 사이에도 담배를 가볍게 건네주지 않는다고 했다.

8

남초 이야기 南草說

황인기(黃仁紀)

남초(南草)란 물건이 어느 산에서 처음 싹을 틔웠고, 어느 시대에 처음으로 전파되었는지는 알 수 없다. 《설문(說文)》·《이아(爾雅)》· 《본초(本草)》와 같은 저술에서도 아직 찾지를 못했다. 《시경(詩經)》 은 풀과 나무의 이름을 많이 기록해 놓았고, 《이소(離騷)》는 초보(草 譜)라는 이름으로 불리는데, 이런 책에도 그 이름이 하나같이 보이 지 않는다. 그러므로 황제(黃帝)·신농씨(神農氏)가 붉은 채찍으로 온갖 풀과 나무를 내리쳐서 그 맛을 보던 시절에는 없었던 식물임 을 얼추 알 수 있다.[1] 요컨대 남초는 옛날 물건이 아니다.

어떤 이는 임진왜란 때 왜놈들이 영남 지역에 처음으로 심었다 고 말하기도 한다. 그래서 남녘 남이라는 글자를 써서 남초(南草)라 는 이름을 붙였다고 한다. 그렇지만 사실 여부는 알 수 없다. 또 남 령초(南靈草)라고도 불리는데, 특이한 향이 있어 신령할 령(靈) 자 하나가 덧붙은 것일 거라고 말하기도 한다.

1_《수신기(授神記)》에 고대의 제왕인 신농씨가 붉은 채찍으로 온갖 풀을 내리쳐서 독이 있고 없고, 성질이 차고 더운지를 모두 알아냈다고 기록되어 있다.

이것이 속칭으로 담파고(痰破菰)라고 불린다. 가래를 부숴 없애는 데 적합한 성질을 가졌다고 하여 그런 이름이 붙었다고 하는데 정말 맞는 말일까? 또 담배(痰排)라고도 불리는데 담파고가 와전된 말임이 틀림없다. 남초가 진안(鎭安)·삼등(三登) 지역에서 번성하므로 거기에서 썬 담배를 지삼(芝蔘)이라고 부르는데, 이는 진삼(鎭三)이 와전된 것 아닐까? 또 회충을 치료하는 데 효과가 있다고 하는데 이는 맛이 써서 그런 것 아닐까?

옛날 동국 사람들은 남초를 그다지 좋아하지 않았는데 최근 40~50년 사이에 크게 성행하였다. 나는 8~9세 때 벌써 흡연을 흉내내어 늙어 머리가 허옇도록 몹시 좋아한다. 하지만 걱정스럽고 개탄스러운 점도 적지 않다. 예전에는 연초를 담는 도구를 담뱃대〔烟竹〕라고 불렀고, 청동이나 주석으로 대통을 만들어 그 모양이 질박했다. 그러고는 옅은 색의 대나무로 대통을 이었는데 이것을 간죽(間竹)이라고 불렀다. 간죽은 어떤 것은 짧고 어떤 것은 길었지만, 아무리 길어도 한 자를 넘지 않았다.

근래에는 연초 용구가 너무 사치를 부려 연대(烟臺)라는 이름의 물건까지 나왔다. 신기함을 추구하여 심지어는 금과 은, 수정과 옥으로 기교를 부려 아로새긴다. 아울러 나무와 돌, 기와와 벽돌로도 만들고, 그에 맞춰서 대나무도 사치하게 꾸몄다. 화려하고 사치스럽게 염색하고 새긴다. 오목이나 침단, 상아와 대모를 재료로 써서 지극히 교묘하고 또 길쭉하게 만든다. 정승 판서와 선비 무인, 부녀자와 늙은이 어린이, 우의(牛醫) 마부에 이르기까지 소지하지 않은 자가 없다. 뿐만 아니라, 나라 안의 옥토와 양질의 전답은 모두 연초를 심는 밭으로 이용된다. 곡식이 더 많이 생산되지 않는 이유가 여기에 있다고 아니할 수 없다.

　지난날 연객(烟客)[2] 가운데 실솔(蟋蟀)[3]은 오래전 사람이다. 지금 사람들이 담뱃대를 좋아하기가 거의 복숭아나무나 살구나무로 만든 지팡이를 짚는 것과 같다.[4] 그렇기는 하지만 입에 올려도 좋을 이로운 점이 없지는 않다. 좋은 철 아름다운 풍경에 시상이 용솟음칠 때, 서늘한 바람이 불어오는 물가의 누정에서 한가롭게 술잔을 주고받을 때, 드높은 대청마루의 넓은 담요 위에서 화로에 둘러앉아 질탕하게 대화할 때, 산수를 유람하며 지팡이를 짚고 바장일(부질없이 오락가락 거닐) 때, 꽃이 핀 아침이나 달이 뜬 밤에 아름다운 사람과 촛불 아래 함께 있을 때, 온갖 우환에 휩싸여서 길고 긴 밤에 잠을 이루지 못할 때, 정인(情人)과 이별하고 홀로 앉아 먼 곳을 우두커니 바라볼 때, 가랑비 내리는 먼 길을 노새를 타고 터벅터벅 갈 때, 음식을 너무 과하게 먹어서 위장이 부풀어 더부룩할 때, 신새벽 잠에서 깨어 가슴이 막히고 입이 텁텁할 때, 바로 이런 때는 분위기를 자아내는 물건이 없을 수 없다. 심지어는 측간에 가서 악취가 날 때는 향기로운 담배 연기로 악취를 물리쳐야만 한다. 그 효과와 이로움을 뭉개버릴 수는 없다.

2_ 담배를 즐겨 피우는 사람을 가리키는 말로 골초와 같다.
3_ 담배 맛을 잘 분간했던 사람의 이름이다.
4_ 이 문장은 원문이 잘 이해가 되지 않는다.

보부상. 권용정(權用正), 19세기, 간송미술관 소장. 나무 자배기를 얹은 지게를 땅바닥에 내려놓고서 보부상이 쉬고 있다. 패랭이 꼭지에 얹혀 있는 곰방대가 정겹게 느껴진다. 장사꾼의 힘겨운 삶을 위안하는 멋스런 사치품이다.

반면에 해가 되는 일 또한 많다. 담뱃재로 인해 불이 나는 것이 첫 번째요, 재와 먼지가 자리에 가득 차는 것이 두 번째요, 숯불을 피우는 데 값이 많이 드는 것이 세 번째요, 옆에 있는 사람을 담뱃대로 쳐서 상처를 내는 것이 네 번째요, 많이 피우면 피곤하고 현기증이 나는 것이 다섯 번째요, 연기가 옷가지와 벽을 검게 만드는 것이 여섯 번째요, 담뱃진과 침을 땅바닥에 뱉어내는 것이 일곱 번째요, 다른 사람의 기침을 유발하는 것이 여덟 번째요, 생활 도구를 낡게 만드는 것이 아홉 번째다.

하지만 이런 일들은 지극히 자질구레한 것들이라서 이롭고 해로움의 경중을 따질 가치가 없다. 그러나 담배로 인해 어른들을 피하거나 멀리하는 일만은 너무도 유감스러운 일의 하나가 아니겠는가? 이러한 행동을 논해보자. 연기가 저기에서 일어나 입으로 들어가면 그 맛을 보게 된다. 비록 목구멍으로 삼키고 씹는 물건은 없지만 마시고 흡입하는 것을 보면, 이 또한 먹고 씹는 종류로서 차와 술, 채소와 과일의 종류에 속할 것이다. 옛날 성인께서는 젊은이가 어른을 섬기고 천한 사람이 존귀한 사람을 섬길 때 발생하는 의복과 음식의 예절과, 나아가고 물러가며 절하고 무릎 꿇는 예절을 말씀으로 하시고 글로 남기셨다. 아무리 작은 일이라도 자세하게 빠짐없이 거론하지 않은 것이 없다. 만약 이 풀이 성인의 세상에 자랐다면 반드시 《주례(周禮)》나 〈향당(鄕黨)〉편에서 논의되어 예법이 만들어졌을 것이다. 부형(父兄)이 자제를 교육하고, 자제가 부형을 섬기는 일은 숨김이나 속임이 없는 법이다. 예가 아닌데도 금할 줄을 모르거나 그칠 줄을 모르는 이치가 어디에 있겠는가?

그렇건만 지금 자제들은 부형이 보이지 않는 장소에서 담배를 태우고 있고, 부형은 그런 사실을 알면서도 묻지를 않고 있다. 이야말로 서로가 기만하고 숨기는 것이니 도리와 사체(事體, 사리와 체면)로서 이런 일을 용납할 수 있겠는가?

이 풀은 분명히 천지가 개벽하던 그때에 생겨났을 텐데 이름을 따져 밝혀놓은 바도 없고, (성인이 만든 예악의) 제도에서도 누락되었다. 때까치가 울어대는 듯한 말을 쓰는 해외에서 자라기에 중국 성인들이 맛을 본 초목에 끼지 못해서가 아니겠는가? 그게 아니라면 후세에 자기를 알아줄 사람이 나타나기를 기다렸다는 말인가?

아아! 술이란 물건은 집안을 잃고 나라를 뒤엎어버리는 결과를 낳을 수 있기에 옛사람들은 그것을 광약(狂藥)에 견주었음에도 오히려 헌수(獻酬)하는 예법을 만들어 경전에 실어놓았다. 유독 이것만은 정해진 예법이 없이 구차하게 몇백 몇천 년까지 전해온 것을 보면 여기에도 행운과 불운이 있는 것일까?

아! 예법을 제작한 분이 주공과 공자 아니겠는가? 이 풀은 천지 사이에 자라나 성인의 교화를 받지 못해 수많은 풀과 동렬에 서지 못했고, 적막 속에 내팽개쳐져 어떤 물건인지 알지 못했으며, (흡연의) 예절도 갖추어지지 못했다. 이야말로 불행하게도 삼대(三代) 이전에 나오지 못해 주공과 공자가 바로잡아주는 기회를 얻지 못했다고 한유(韓愈)가 탄식한 사물이 아니겠는가?[5]

그러다가 문득 멀리 떨어지지 않은 과거에 담배의 싹이 번성하

벼 타작. 김홍도, 《단원풍속도첩》, 국립중앙박물관 소장. 농부들이 마당에서 타작하는 장면을 마름이 자리 위에 누워 긴 담뱃대를 물고서 바라보고 있다. 신분과 상관없이 담배를 피웠지만 담뱃대의 길이와 흡연의 시간과 장소는 신분과 관련이 있었다.

여, 담배의 도가 지금처럼 왕성한 때가 없다. 저 물건이 아무리 지각이 없다 해도 참으로 분수에 넘치는 윗자리를 차지하였다. 사람에 건준다면, 권세를 탐하고 탐욕을 부려 위아래의 소통을 막고, 예법을 무시하여 무너뜨리는 자에 비교할 수 있다. 그러나 남초가 즐거운 마음으로 그렇게 하겠는가? 천오백 년 뒤에 성인이 태어난다면, 반드시 군신(君臣)·부자(父子)·장유(長幼)·존비(尊卑)의 사이를 구별하는 예법을 시행할 것이다. 내 두 손을 공손히 잡고 그때를 기다릴 것이다.

이 글은 18세기 후반의 학자인 황인기(黃仁紀, 1747~1831)의 문집 《일수연어(一水然語)》에 실려 전한다. 자신이 담배를 피우게 된 계기를 적고, 담배의 이로운 점과 해로운 점을 비교하여 서술했다. 그가 지적한 점은 상식에서 크게 벗어나지 않는다. 다만 담배 도구의 사치스러움을 지적한 내용이 다른 사람의 글에 비해 자세하다. 그는 담배를 피우기 위해 어른들을 피하거나 멀리하는 일 등 담배가 인륜에 해가 된다는 점을 특별히 지적하였다. 그는 흡연의 예법이 제대로 갖추어지지 못한 점을 몹시 애석하게 여겼다. 이런 점이 당시 선비들 사이에 큰 문제로 대두했음을 짐작케 한다.

5_ 한유(768~824)는 당나라의 저명한 문인으로 그가 지은 〈원도(原道)〉에는 불교의 출현을 두고 "오호라! (불교는) 다행스럽게도 삼대 이후에 출현하였기에 우임금, 탕임금, 문왕, 무왕, 주공, 공자로부터 내쫓김을 당하지 않았지만, 불행하게도 삼대 이전에 출현하지 않았기 때문에 우임금, 탕임금, 문왕, 무왕, 주공, 공자가 바로잡아주는 기회를 얻지 못했다"라고 말한 바 있다.

9

어른과 어린이의 윤리와 높은 자와 낮은 자의 질서가
담배로 인해 파괴된다 論長幼尊卑之壞於南草

윤기(尹愭)

오늘날 세상에서 어른과 어린이의 윤리와, 높은 자와 낮은 자의 질서가 모조리 사라진 이유가 어디에 있을까? 담배에 있다. 담배가 그런 질서를 망가뜨릴 능력이 있는 것은 아니고, 사람들이 질서를 망가뜨리는 이유가 담배에 있는 것이다. 하늘이 장차 담배를 통해 어른과 어린이, 높은 자와 낮은 자의 등급을 무너뜨리고 뒤섞어 뒤죽박죽의 세계를 만들려는 의도를 가진 게 아닌지 모르겠다.

오늘날 사람들은 태어난 지 열 살 남짓 되면 남녀와 귀천을 따질 것 없이 모두 담배를 배워 피운다. 아들과 아우가 아버지와 형 옆에서 담배를 가로 물고 있고, 노비가 그 주인 앞에서 담배 연기를 품어대고 있다. 그러니 젊은이가 어른을 대하고 천한 자가 귀한 자를 대하는 태도야 다시 말해 무엇하랴!

내가 어렸을 때는 그래도, 어린아이와 비천한 자는 짧고 짧은 연죽(煙竹)을 사용했고, 어른이 보지 않는 장소에서 숨어 피워 마치 금지하는 행위를 저지르는 태도를 보였다. 지금은 노비나 사환(使喚)같이 천한 일에 종사하는 자라도 반드시 한 길이 넘는 긴 담뱃대

휴식. 이교익(李教翼), 국립중앙박물관 소장. 여름날 나무 아래서 쉬는 세 사람이 모두 담뱃대를 들고 있다. 담뱃불을 붙이는 사람, 쌈지에서 담배를 꺼내는 사람, 대통에 담배를 담는 사람의 태도가 모두 재미있다. 생활 속에 파고든 담배의 위력을 느끼게 한다.

를 바로 물고 조금도 어른을 피하려들지 않는다. 짧은 연죽을 가지고 다니는 사람을 다시는 보질 못한다. 또 천한 자들이 존귀한 사람이 있는 장소를 일부러 찾아다니면서 어른과 노인들 앞에서 불을 피워대며, 마주 보고 두 다리를 쭉 뻗은 채 연기를 뿜어대며 웃고 떠든다. 그런데도 존귀한 사람이나 어른들이 그런 행위를 탓하지 않는다.

오호라! 세상의 도리가 무너지고 망가지게 된 것이 보잘것없는 풀 하나로 말미암을 줄 누가 알았겠는가? 세상 사람들은, "남초를 피우지 않고 투전(投錢) 놀음도 하지 않는 게 어찌 사람이랴!"라는 말까지 한다. 그런 까닭에 사람들이 평소에 하는 일이 남초를 빼놓고는 없다. 담배씨를 뿌리고 재배하는 일부터 마른 잎을 따고 잎을 썰어서 피울 때까지 수고로움도 꺼리지 않고 오로지 이것만을 일삼는다. 손이 더러워져도 싫어하지 않고, 옷을 더럽혀도 거들떠보지 않으며, 생각이 여기에만 있고 잠시도 잊지 않아, 농부들이 근면하게 움직이는 것보다 심하다.

담배를 피우는 용구를 보면, 갑과 궤짝에는 담배를 보관하고, 청동과 대나무로는 흡입하는 용구를 만들며, 쇠와 돌로 불을 피우고, 등나무와 종이로 담뱃진을 제거한다. 앉아 있을 때는 담배를 손에서 놓지 않고, 외출할 때도 소지하고 나간다. 밤낮을 가리지 않고, 추위와 더위를 따지지 않으며, 누워서도 피우고 걸어다니면서도 피우고, 말을 타고서도 피우고 용변을 보러갈 때도 피운다. 선비들은 장인(匠人)이 할 일을 하면서 담배를 친구로 삼고, 천한 사람들은 작업을 하면서 담배를 짝으로 여긴다. 아무리 심하게 병들고 피곤하다 해도 죽을 지경이 아니라면 버리지를 않는다. 세상 어디에 이러한 물건이 다시 있을 수 있는지 묻고 싶다.

흡연자들은 장죽(長竹)을 가로 물고 기다란 연기를 내뿜으면서 그것이 어른의 본보기요 훌륭한 분의 멋이라고 생각한다. 가진 것이 없어도 무언가 믿는 구석이 있는 듯하고, 식견이 없지만 속이 찬 듯한 모습이다. 그런 모습을 보고 모두들 선망하고 사모하여, 서울이고 시골이고 가릴 것 없이 휩쓸려 유행이 되었다.

심지어는 천한 일을 직접 하는 사람들조차 잠시라도 연죽(煙竹)을 손에서 놓지 못한다. 연죽을 놓으면 마치 이상한 짓을 하여 사람을 놀라게 한 듯 여긴다. 아무리 무거운 물건을 들어 마소에 싣는 일을 하거나, 긴 나무를 잡고 구불구불한 골목을 들어간다 해도, 이 물건은 언제나 입에 달려 있다. 장애물에 부딪히고 막힐 때마다 언제나 목을 비틀고 구부려 연죽을 위아래로 조절하여 요리조리 피한다. 그 모양을 보면 지극히 구차하고 몹시 위험하다. 그렇게 하지 않는 자가 없는데 도대체 무엇 때문에 그런가?

이 물건은 사탕수수나 설탕처럼 단맛이 있는 것도 아니요, 난초나 사향과는 냄새가 다르다. 굶주린 배를 채울 수 있는 것도 아니고 목숨을 연장시킬 수 있는 것도 아니건만, 천하 사람들이 함께 즐기고 있다. 아침저녁 밥을 먹지 않을지언정 남초는 그만 피울 수 없고, 위아래의 예절을 지키지 못할지언정 남초는 버릴 수 없다. 독함과 쓴맛은 사람들이 싫어하지만, 딸꾹질이 나오고 현기증으로 쓰

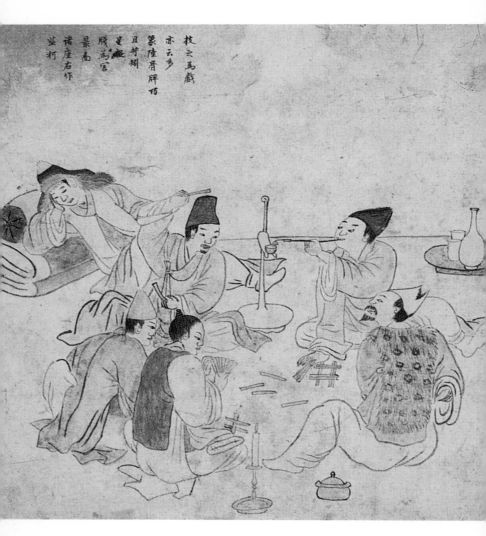

技之爲戲
亦云多
蒙陸骨牌佰
且莫刺
足艱
賊爲宮
景高
諸座右作
监柯

투전, 성협, 《성협풍속화첩》, 국립중앙박물관 소장. 투전 노름을 하는 자리에서 한 사람이 등잔불에 담뱃불을 붙이고 있다. 그 표정이 익살스럽다.

러져도 독이 있다 하여 물리치지 않는다. 지저분하고 더러운 것은 사람들이 미워하나, 목이 따갑고 목구멍이 아릴 지경이라도 더럽다 하여 물리치지 않는다. 옷과 이불, 서적을 더럽히고 불로 태우는 데도 오히려 흡연을 문제삼지 않는다. 담뱃대가 목구멍을 찌르고 혀를 쳐서 부상을 당하거나 죽는 일이 생겨도 결코 흡연을 그치지 않는다.

아름다운 여인보다 심하게 미혹되는 것이 없는데 그것도 남초에 비하면 오히려 한참 거리가 있다. 술보다 더 탐닉하고 좋아하는 음식이 없지마는, 술을 마시지 않는 때가 더 많아서 남초에 비할 것이 못 된다. 빠져서 헤어나지 못하는 잡기(雜技) 가운데 투전보다 심한 것이 없다. 그러나 투전도 잠시도 떠날 수 없는 남초보다는 못하다. 나는 무엇 때문에 그런지를 알 수 없다.

나는 천하 만국이 모두 그렇고, 한 지방에서만 유독 그런 것이 아니라고 들었다. 아! 하늘의 이치는 참으로 헤아리기 불가능하다.

윤기(尹愭, 1741~1826)의 문집 《무명자집(無名子集)》에 실려 있는 글이다. 윤기는 18세기 후반, 풍속이 급격하게 변해가는 문제를 폭넓게 지적한 학자다. 이 글도 그런 태도의 연장선상에 놓여 있다. 그는 흡연을 금지해야 하는 이유를 몇 가지 들고 있지만 가장 중요한 관점은 어른과 젊은이 사이의 관계를 멀어지게 하고, 신분이 높은 자와 낮은 자의 질서를 무너뜨린다는 점이다. 담배는 지위 고하와 남녀장유를 막론하고 누구나 피우는 평등한 물건이기에 담배 앞에 귀천이 없었다. 이렇게 담배가 사회의 질서를 문란하게 만드는 데 원인을 제공하는 문제를 이 글은 본격적으로 제기하고 있다. 윤기는 이 글 말고도 담배로 인한 사회 질서의 파괴를 논한 글을 지었다.

10

담배를 예찬하는 노래 煙茶賦

임수간(任守幹)

사람의 입은 음식 맛을 즐기는 기호가 같아

기름진 살코기, 맛좋은 회와 산적이 그런 것들이지.

먹잘 것 하나 없는 음식이지만 사람들이 좋아하는 것도 없진 않아

문왕(文王)이 즐긴 창포김치와 자목(子木)이 즐긴 연대가 그런 음식이지.[1]

허나 혼자서나 좋아한 음식일 뿐, 제대로 된 음식은 아니네.

차(茶)라는 풀이 있어 당(唐)나라 말엽에 세상에 나타났지.

국가에서 전매하여 거두는 세금은 소금이나 황금에 맞서고

1_《한비자(韓非子)》〈난(難)〉 4에 "굴도(屈到)는 연대를 즐겨 먹었고, 주나라 문왕은 창포김치를 즐겨 먹었다. 이 두 가지 음식은 제대로 된 맛은 아니다. 그런데도 두 현자가 숭상하였다. 하지만 그들이 맛있다고 하여 반드시 맛이 있는 것은 아니다"라는 기록이 보인다. 두 음식 모두 즐겨 먹을 만한 가치가 있는 것이 아님을 말한다. 원문에 자목(子木)이 연대를 즐겼다고 했는데, 자목은 굴도의 아들 굴건(屈建)이므로 잘못 인용한 것이다. 연대를 제사상에도 올리라는 굴도의 유언을 따르지 않은 아들 굴건의 이야기가 《국어(國語)》에 나온다.

손님과 주인이 마주 앉아 마시는 예절은 음주의 예법보다 더했네.
아, 성대하도다!

이윽고 연다(烟茶, 담배)라는 것이 차의 뒤를 이어 출현하였네.
신농씨가 맛본 약초의 경전에도 보이지 않는 풀이요[2]
농부가 재배하는 각종 채소의 명단에도 이름이 빠져 있네.
영지나 창출(蒼朮, 국화과의 여러해살이 풀)처럼 잎을 뜯어서 먹지
도 않고
싹이나 찻잎처럼 끓여서 마시지도 않네.
반드시 잎을 썰어 불에 태우고
먹는 것은 다름 아닌 연기라네.
그래서 이름하여 연다(烟茶)라 하지.

천하 모든 이들이 맛없는 이 풀을 맛있다지만
이른바 제대로 된 음식 맛이라 할 수 있을까?
이제야 알았네.
말세에 이르자 천지가 물건을 분에 넘치게 만든다는 것을.
그렇지 않다면
사람의 기호가 때와 풍속에 따라 변한다는 말인가?

2_신농씨가 지었다고 전하는 《신농본초경(神農本草經)》이 있는데 《신농경(神農經)》이
라고도 한다. 실제로는 위(魏)의 오보(吳普) 등이 편찬한 책으로 약초 360여 가지가
실려 있다.

"연다는 먼 남쪽 오랑캐 땅에서 전해져
가래병 앓는 이를 고친다"고 떠들기도 하지.
시험해본 사람들 많으나 효험 본 자 없나니
이건 또 어쩐 일인가?

부드러운 이 풀은 독초도 향초도 아니지만
이제 귀한 이나 천한 이나 함께 좋아하고
야만국이나 문명국이나 함께 소중히 하네.
기장쌀과 고기보다
사람들이 더 원하니
식물이 어찌 그리 사랑받아
뭇 사람의 입에 기쁨을 주나?

성곽 밖 좋은 전답과
마을 옆의 놀리는 채소밭에
파종을 서둘러야 마땅하므로
동쪽 교외로부터 다가오는 봄날 아침에 나가고
뿌리를 촘촘하게 옮겨 심고자
매실 익어가는 남쪽 나라의 비를 기다리네.

밭도랑을 쳐 물을 빼는 것은
토질이 부드럽지 못할까 염려해서이고

싹을 따 없애는 것은
못된 이파리가 곁가지 치는 게 미워서이지.

거름 주고 흙 북돋아주며
호미질도 하고 김도 매네.
지력(地力)을 끝까지 이용하고
천시(天時)를 놓치지 말아야지.
농부가 노력을 기울여야
식물이 제 본성을 발휘하는 법이지.

키가 커진 줄기가 솟구쳐 오르자
모든 꽃을 내려다보며 푸른빛을 발산하고,
넓어진 잎사귀가 빽빽하여
폭염을 가로막고 비취색 깃을 드리우네.

파초의 초록 잎을 막 펼친 듯
빗소리 후득이는 소리 유난히 크게 들리고
벽오동 아직 시들지 않은 듯
봉황새가 날아올까 기다려지네.

잎 끝에서 하얀 꽃이 봉오리 막 터뜨리자
뿌리에선 신비한 기운이 타고 오르네.

비로소 진액이 남몰래 불어나
막힌 데 없이 흐르고 퍼져
밤낮 없이 위로 위로 올라
잎사귀 끝까지 넘쳐흐르네.

어둠 속에서 우렁우렁 소리내며
방향(芳香)이 부쩍부쩍 생겨나네.
잎사귀는 그저 쪼글쪼글해져
야들야들 곱고 푸른빛을 발산하네.

서방의 바른 기운을 흡수하여
강렬한 향기와 맛이 응결되네.
고추와 계피에 비교해도 한결 맵고
생강과 멧대추에 견주어도 훨씬 쏘네.

이제 적기를 기다려 잎을 따서
난초처럼 옆구리에 꽂네.
떨어지는 이슬을 맞히고
가을 햇살 아래 내다 말리네.

정기는 안으로 거둬들이고
짙은 향기는 밖으로 퍼지네.

곱게 꾸민 자수처럼
노랗고 붉어 현란하네.

그 뒤에는 곤오(昆吾)의 잘 드는 칼을 걸어놓고[3]
민아(岷峨)[4]의 가래나무로 눌러놓네.
들쭉날쭉 비단처럼 쌓아놓은 잎사귀를
어수선히 잘게잘게 썰어내네.

궤짝마다 홀연히 담배 향기 피어나고
칼날은 번쩍번쩍 번개치듯 잘라내네.

가늘기 아지랑이 같아
자욱하게 뿌려지다 날렵하게 쌓이네.
네모나기 벽옥(碧玉)을 겹쳐놓은 듯
어느결에 높다랗게 쌓아올렸네.

그리하여 청동 주석 틀로 만든 대통은
손가락 하나 들어갈 크기인데
담뱃잎을 수저로 덜어내어 대통에 채우고

3_ 주나라 곤오국(昆吾國)에서는 명검(名劍)이 생산되었다.
4_ 중국 사천성에 있는 민산(岷山)과 아미산(峨眉山)을 함께 부른 것이다.

불 때는 아궁이에서 남은 불씨를 가져오네.
긴 대롱으로 대통을 받아 모가지를 구부리고
깊고 어둑한 굴을 뚫어 속을 비워놓았네.

대통에서 짙은 향기 나며 뜨거워지자
설대 속으로 담배 연기가 슬며시 들어가네.
입을 열어 한 모금 마셔보니
따사로운 화기가 심장으로 빨려들어가네.
모락모락 피어오르는 흰 연기를 들이마시자
단전(丹田)이 무르녹음을 느끼겠네.

가슴속까지 이르러
더럽고 탁한 것을 제거하며
창자 속 장부(臟腑)를 편안히 해
묵은 음식찌기를 녹여 없애네.

옥로(玉爐)⁵는 철저하게 맑아져
가슴속 나쁜 기운이 씻은 듯 사라지고,
단액(丹液)⁶을 자주 삼키므로

5_도가에서 연단(鍊鍛)하는 화로.
6_사람을 오래 살고 늙지 않게 만드는 도가의 약을 가리킨다.

배꼽 아래 금광(金光)이 밝게 빛나네.

그러므로 천하에 게걸스럽게 탐닉하지 않는 이 없으니
석 달 동안 고기 맛을 잊었다는 정도에 그치랴!⁷
하루라도 이 맛을 보지 않을 수 없네.⁸

그 옛날 건계(建溪)와 양선(陽羨)의 차⁹가
한 시대에 맛과 가격이 으뜸이었다손치더라도
아무래도 여기에는 미치지 못하리라.

사통팔달 고을과 큰 도회지에는
열을 지어 상점이 연달아 있고
집 안에 쌓아두고 사람마다 보관해두니
노을처럼 현란하고 구름처럼 쌓여 있네.

소매를 걷어붙이고 칼을 잡고 있는 자는
하나같이 담배 써는 재주가 정교하다 으스대는 이들이요,

7_ 공자가 음악을 듣고서 석 달 동안 고기 맛을 잊었다는 사연을 빗대어, 담배 맛에 푹 빠
 졌음을 비유한다.
8_ 진(晉)의 왕휘지(王徽之)는 대나무를 좋아하여 "하루라도 이분이 없을 수 없다"고 말
 했는데 그에 빗대어 담배를 하루도 거를 수 없음을 말했다.
9_ 건계는 송나라 때 가장 유명한 차의 명산지이고, 양선은 강소성(江蘇省) 의흥(宜興)의
 옛 지명으로 당나라 때 차의 명산지다.

손에 지폐를 쥐고 가슴에 돈꿰미를 안은 자들은
어수선하게 담배를 사려고 다투는 자들일세.

원근에서 몰려드는 자들이
과일전 포목전보다 많고
장사치들이 쌓아둔 물건은
금붙이나 비단보다 윗길이네.

어떤 자는 매점매석으로 값을 좌지우지하여
홀로 담배의 이익을 독차지하니
거부(巨富)와 겨룰 만한 재력가도 가다가는 나타나네.
산동 땅 대추나무 천 그루와
진중(秦中) 땅 치나무 천 이랑만이
부자가 될 자산은 아니라네.[10]

서쪽 저택의 장군님과
남쪽 동산의 귀공자는
종을 쳐서 손님을 대접하고
잔치를 벌여 선비를 즐겁게 하네.

10_《사기(史記)》〈화식열전(貨殖列傳)〉에서 안읍(安邑)의 대추나무 천 그루와 연진(燕
秦) 지역의 밤나무 천 그루, 위천(渭川)의 대나무 일천 무(畝) 따위를 가지고 있으면
그 소유자는 식읍(食邑)이 천호(千戶)인 제후와 부유함이 대등하다고 했다.

금매미 패물 찬 여인은 바짝 다가와 앉고
광대들은 재주를 펼쳐보이지.
신기한 산해진미가 널려 있고
맛좋은 술이 황하를 기울인듯 넘실대네.

환락을 실컷 즐기고 난 뒤에는
연달아 내오는 진수성찬도 싫어지네.
물소뼈 젓가락을 던져 음식 집지 않고
귀한 술잔도 내려놓은 채 오가지 않네.

옻칠한 가래나무 궤짝을 더듬어
금자 새긴 긴 연죽을 끌어당기네.
매운 맛 풍기는 연기를 들이마셔
속에 쌓인 기름기를 내려 보내네.

용단(龍團)이고 봉주(鳳味)고[11]
이때는 아무 공도 세우지 못하고
진귀한 과일 맛 좋은 채소도
그 앞에선 얼굴을 가리네.

11_ 용단은 송나라 때 황제에게 진상하던 차로 용(龍)이나 봉(鳳)처럼 뭉쳐놓은 것이다.
　　좋은 차를 가리킨다. 봉주도 같은 종류의 차를 가리키는 것으로 보인다.

또 협객들이 멋을 잔뜩 부리며 노는 야유회나
미녀들이 바짝 붙어 앉아 즐길 때
한양 대로에서 말을 달리거나
강가에서 아가씨들 꽃을 꺾을 때

달빛 아래 멋진 밀회를 기다리거나
뽕나무 밭에서 미인과 맺은 약속이 늦어질 때
차고 있던 패물을 풀어주려고 하거나
예법에 어긋난 일을 하며 겁을 낼 때

막 새로 만난 여인을 멀뚱멀뚱 쳐다보니
아름다운 눈동자를 반짝이며 미소로 답할 때
허리춤의 향기로운 향주머니를 끌러서
어떻게 그 사람에게 건넬까 고민할 때
은으로 만든 연죽(煙竹)을 건네주고 번갈아 피우니
반기는 마음을 전할 길이 여기에 있네.

또 이런 사람은 어떤가?
곤궁하게 사는 학자 양자운(揚子雲)이
머리가 허옇도록 《태현경(太玄經)》을 지을 때[12]

12_ 한(漢)나라 양웅(揚雄)이 《주역》을 본떠서 《태현경》을 지었다.

그네 뛰기. 신윤복 전(傳), 국
립중앙박물관 소장. 한 여인이
나무 그루터기에 앉아서 긴 담
뱃대를 물고 그네를 뛰는 여인
을 바라보고 있다. 담뱃대 길
이가 키보다 길어 보인다.

소박한 지조를 지켜 변하지 않으나
적적하고 우울한 심사가 날이 갈수록 뒤틀릴 때
가을밤 주머니에 든 반딧불이 말라갈 때
여름날 장맛비가 멈추지 않을 때
덮어둔 붓 상자에는 먼지가 쌓여가고
다기를 기울여보아도 김이 나지 않네.
서글픈 마음을 둘 데 없어
향기로운 담배를 피워 그치지 못하네.

또 한양성 남쪽에 한 여인이 있어
남자는 북쪽 변방으로 수자리 살러 갔네.
1년 1년 번갈아 지나가는 세월이 서럽고
고운 얼굴이 너무 쉽게 시들까 아쉽네.

닫혀 있는 고운 규방에서 낮은 저물지 않고
텅 빈 비단 휘장 안에서 밤은 왜 이리도 긴지.
파란 등잔에는 썰렁한 불꽃이 가물거리고
황금 화로에는 재를 남기며 향기가 오르네.

이별의 시름은 쑬개 썹기보다 더 괴롭건만
답답한 심경을 그 어디에 쏟으란 말인가?
붉은 불빛 나오는 담뱃대를 들어

하얀 연기 하늘하늘 피워 보내노니
초(楚)나라 산에 피어오르는 구름이 아니라면
복사꽃밭에 가라앉은 안개가 분명하네.[13]

또 참소(譖訴)를 당한 외로운 신하가 있어
바람에 떠밀려 유배를 가네.
궁궁이풀을 따서 패물로 삼고
부용꽃을 모아서 옷을 해입네.
가을 국화의 떨어진 꽃잎으로는
허기를 채우지 못하고
목란(木蘭)에 맺힌 이슬로는
목마름을 채우지 못하는 법.

마침내 밭 몇 평에 신령한 뿌리를 키우자
흐뭇하게도 가지와 잎사귀가 무성해졌네.
곱게 찧어 가루 내어 양식으로 가공하니
향기가 매운 맛과 뒤섞여 맛을 내네.

또 하늘 끝 멀리 여행하는 나그네와

13_ 초나라 산(山)의 구름은 운우지정(雲雨之情)을 비유하고, 복사꽃밭은 아가씨가 시집
　　가는 것을 상징한다.

서쪽 변방으로 수자리 가는 군사 있지.
별빛 받으며 머나먼 길을 터벅터벅 걷고
달을 바라보며 황량한 성에 외로이 기대네.
바로 이런 때에 담배마저 없다면
나그네의 분한 심사를 위로할 방법이 없지.

또 눈 덮인 산길의 나무꾼과
맑은 강에서 물고기 잡는 어부가 있지.
넓은 들판에서 들쳐맨 나뭇짐을 내려놓고
아스라한 포구에서 낚싯줄을 걷노니
바로 이런 때 담배가 없다면
호젓하고 한가로운 정취를 누릴 방법이 없지.

아무리 위천(渭川) 땅 대나무를 다 베고
중산(中山)의 토끼털을 모조리 동원해서[14]
엄락(嚴樂)을 시켜 빼어난 글솜씨를 실컷 발휘하게 하고
연운(淵雲)을 시켜 신비한 상상력을 마음껏 동원하게 해도[15]

14_ 위천은 대나무의 명산지이고, 중산은 토끼털로 만든 붓의 생산지로 유명하였다.
15_ 엄락(嚴樂)은 엄안(嚴安)과 서락(徐樂) 두 사람을 함께 쓴 것이고, 연운은 한(漢)나라
의 왕포(王褒)와 양웅(揚雄)의 자를 함께 부른 것이다. 모두 뛰어난 글솜씨를 지닌 작
가를 비유한다. 이별을 노래한 강엄(江淹)의 〈별부(別賦)〉에서 "비록 연운의 오묘한
글솜씨와 엄락의 정교한 글솜씨가 있다고 한들 …… 그 누가 짧은 이별의 형상을 그
려내고, 영원한 이별의 심경을 묘사해낼 수 있으랴!(雖淵雲之墨妙, 嚴樂之筆精…誰
能摹暫離之狀, 寫永訣之情者乎!)"라고 말한 대목에서 끌어왔다.

고기잡이. 김홍도, 《단원풍속도첩》, 국립중앙박물관 소장. 어살에서 물고기를 잡는 장면을 그린
그림이다. 모두들 바쁜 중에도 한 사람은 느긋하게 긴 담뱃대를 물고 있다. 풍속화에는 배를 타
고서 담배를 피우는 모습이 간혹 등장한다.

이 연다(烟茶)의 아름다운 미덕을
꼬치꼬치 헤아려 남김없이 기록하기에는 턱없이 부족하리라.

더욱이 이 몸은 본래 들사람이라
콩잎이나 먹는 데 오래도록 안주하다보니
비린내 나는 음식에는 낯빛이 바뀌고
담박한 음식은 달고 맛있다네.

멥쌀을 먹고 고기를 즐기는 것은
내 원하는 바가 아니요
물동이 안고 채소밭에 물 주는 일이
내 분수라네.

몇 뙈기 밭이 있거니
이 연다에 적합하네.
그래서 광을 하나 채워
일 년 쓸까 계획했네.

연기를 먹고 향기를 품어
내 자신을 고결하게 하려네.
달구나! 향기와 맛이여!
내 입에 맞는구나!

제아무리 상령(商嶺)의 영지로

멋지게 굶주림을 면하고[16]

봉래섬의 영약으로

찬란하게 세상을 벗어난다 해도[17]

나는 이 연다가 진귀하므로

저것들과 바꾸려 하지 않노라.

이 글은 임수간(任守幹, 1665~1721)의 문집 《둔와유고(遯窩遺稿)》
에 실려 있다. 임수간은 자가 용여(用汝)이고 호는 둔와(遯窩)이다.
저명한 문인인 임상원(任相元)의 아들로 그 역시 문인으로 명성이
있었다. 이 작품은 담배를 예찬한 노래로, 작품의 형식은 산문과
시의 중간 형태인 부(賦)다. 작품이 지어진 시기가 17세기 말에서
18세기 초이므로, 비교적 이른 시기에 담배에 얽힌 요모조모를 상
세하게 묘사했다. 담배의 연원과 경작, 판매 상황, 흡연의 풍속과
애연가의 심리까지 속속들이 묘사하였는데, 묘사가 아름답고 심
리를 잘 파악해 담배를 묘사한 빼어난 작품의 하나로 추켜세울 만
한 가치가 있다. 특히, 작품의 후반부에 묘사한, 담배를 피우기에
적합한 여러 장면은, 많은 사실이 나열되고 있음에도 불구하고 지

16_진(秦)나라 말엽에 학정을 피해 섬서성의 상산(商山)으로 들어간 상산사호(商山四
皓)는 지초(芝草)를 캐어 먹으며 지냈다.
17_진(秦)나라 시절의 방사(方士)인 서불(徐市)이 진시황에게 동해에 있는 봉래산에
가서 불사약을 구해오겠다고 떠났다.

루함을 느낄 수 없을 만큼 핍진하고 흥미롭다. 담겨진 내용의 풍부함이, 이 작품보다 뒤에 쓰인 이덕리나 이옥의 저작에 비교해도 손색이 없다.

11

남초가 南草歌

박사형(朴士亨)

평생에 병이 있어　　　　　온갖 풀을 다 맛봐서
인삼 창출 원지 창포[1]　　　향약방(香藥方)에 많았다네.
3년을 장복(長服)하나　　　7년 병을 고치겠나.

남방에서 나온 풀이　　　　영험하다 유명하여
화단을 깨끗이 쓸고　　　　약란(藥欄)[2]을 높이 기대놓아
매화우(梅花雨)[3] 갓 갠 후에　화초와 섞어 심어
훈풍에 자라게 하여　　　　단 이슬을 맞추었네.

취봉(翠鳳)[4]의 꼬리같이　　푸르고 푸른 잎을
황학(黃鶴)[5]의 날개같이　　누렇게 키워내어

1_ 네 가지 식물은 모두 한약재의 이름.
2_ 바자울을 치고서 약초를 심은 작은 밭.
3_ 매실나무 열매가 익을 무렵에 내리는 비로, 초여름인 유월 상순부터 칠월 상순에 걸
　쳐 계속되는 장마를 이르는 말. 매우(梅雨).
4_ 비취빛의 봉황새. 보통 비취새의 깃으로 만든 봉황의 모양을 가리킨다.

먹던 차 물리치고
훈훈한 연기 한 줄기
따사로운 기운이
종전에 쌓인 담(痰)이

시험삼아 맛을 보니
목구멍을 갓 넘으며
장부(腸腑)에 가득하다.
한때에 다 내려가네.

묵은 병이 다 나으니
청루(靑樓)[6] 밝은 달에
침향(沈香) 가는 도마를
은장도 잘 드는 날로
광한전 옥도끼 옆에
주홍 궤짝 내어놓고
섬섬옥수로
학산선인(鶴山仙人)[7]이
황금 화로에 묻은 불을
붉은 입술 흰 치아로
적성(赤城)[8] 밝은 날에
평생에 흥미 없어
이 풀 얻은 후에

또한 흥취를 말하리라.
그리던 님 만나보니
등잔 앞에 내어놓고
잎잎이 싸는 모습은
가는 서리를 뿌리는 듯.
은죽(銀竹)을 자연스레 잡아
넌지시 담는 모습
백옥 피리 비껴 쥔 듯.
은젓가락으로 집어내어
가는 연기 품는 모습은
흰 안개가 흩날리는 듯.
세상맛을 모르더니
우환을 잊으리라.

5_ 깃이 노란 학이란 의미로 학을 가리킨다. 두루미.
6_ 푸른색으로 칠한 화려한 다락집으로, 보통 기생집을 가리킨다.
7_ 선인은 자안(子安)을 가리키는 말. 그는 고니새를 타고 하구(夏口)의 황곡기(黃鵠 磯)를 지나갔다고 한다.
8_ 중국 천태산(天台山)의 남쪽 산 이름으로, 흙과 바위가 붉고 성곽의 모양을 하고 있다.

수갑계첩(壽甲稧帖) 부분. 작자미상, 1914, 국립중앙박물관 소장. 부잣집 대청마루에서 수연(壽宴)
이 벌어졌다. 많은 노인들이 간편한 복장으로 앉아 있는데 담뱃대를 물고 있는 사람이 꽤 많다.
사람들의 모임에서 담배를 피우지 않는 장면을 상상하기는 쉽지 않다.

향산(香山)에 네가 낫더라면　　　경액주(瓊液酒)[9]를 부러워하랴.

맑은 바람 겨드랑이에서 나니　　날개 솟는 기술이 보이는 듯.

삼신산 복숭아가　　　　　　　상쾌하다 하지마는

약수(弱手) 삼천 리[10]에　　　　어느 신선을 보내겠나.

안기생의 화조(火棗)[11]를　　　선약(仙藥)이라 하지마는

삼천 년에 여는 열매　　　　　어디 가서 얻겠는가?

봉래방장 제일봉에　　　　　　불사초 있다 하나

동남동녀 간 뒤에　　　　　　바라지만 아니 온다.

진시황이 너를 보았다면　　　분명 너라고 여기리라.

이 몸이 빈천하여　　　　　　초야에 묻혀 사네.

콩국을 못 벗어나지만　　　　해바라기 정성[12]은 홀로 가져

너 같은 맛을 보니　　　　　미나리 바치는 정성[13]이 일어나네.

겨드랑이에 깃이 나서　　　　구천(九天)에 날아올라

대궐문 달려들어　　　　　　옥황상제께 진상하면

향안(香案)에 놓아보고　　　우리 동황[14]께 상으로 주어

천년만년 세월을　　　　　　질병 거의 없애볼까?

9_ 도교에서 말하는 액체로 마시면 장수한다고 한다. 맛이 좋은 술을 비유한다.

10_ 신선 서왕모(西王母)가 사는 곳에는 약수가 있는데 이 물에는 배가 뜰 수 없다고 한다.

11_ 안기생(安期生)은 전설상의 신선이고, 화조는 전설적인 선과(仙果)로 이것을 먹으면
날개가 생겨 날아다닐 수 있다고 한다.

12_ 해바라기는 해를 향하는 성질이 있는데 이것으로 임금을 향한 충성심을 비유한다.

13_ 보잘것없는 것을 임금에게 바치거나 정책을 제안하는 행위를 비유한다.

그제야 태평연월에   수민단(壽民丹)[15]을 삼으리라.

박사형(朴士亨, 1635~1706)의 자는 서옹(瑞翁), 호는 청광자(清狂子)로 전남 보성 사람이다. 보성의 마고산(麻姑山) 밑에 암은정사(嚴隱精舍)를 짓고 학생을 교육하였다. 이 글은 현종 7년(1666)경에 지은 가사 작품으로 담배를 사랑하는 마음을 표현했다. 필사본 문집《청광집(清狂集)》《정일당잡지(貞一堂雜識)》에 실려 있다. 묵은 병을 고칠 약이 없었는데 담배를 피워 나았다고 하여 담배의 약효를 예찬하였다. 그리고 묵은 병을 고친 효험 외에 다른 흥취를 읊었다. 세상의 우환을 잊게 만드는 힘과, 얻기 힘든 불사약이 바로 담배일 것이라고 추켜세웠다. 또 이 좋은 담배를 옥황께 진상하고, 옥황은 이를 다시 우리 동황께 상으로 주어, 천년만년 질병 없이 살기를 기원하였다. 표현은 질박하지만 담배가 유행한 초창기에 가사 작품으로 노래했다는 점에서 가치를 지닌다.

14_ 동황(東皇)은 전설상의 천신(天神)으로 봄을 관장한다. 여기서는 동방의 임금을 가리키는 것으로 보인다.
15_ 백성을 장수하게 하는 약.

부록

- 미주
- 원문
- 영인본

미주

1부

담배의 경전 서문

❶ 이식,《택당선생속집(澤堂先生續集)》2권,〈남령초가(南靈草歌)〉."南靈草出自海東洲, 倭人傳是貞女魄. 藥砒病時醫不得, 以殉願化千金藥. 不作焦卿木, 且托處姬草. 葉如秋菸味似檗, 羅生塚上色可寶. 食者十人八九眩, 良醫一見加劑調. 沃以醇醪蒸以奧, 不以湯熨以熏燒. 黃銅作管象鼻吸, 煙縷入內如烘窯. 驅除痞塞消濕墊, 能使斯須腸胃帖. 南人用之代茶茗, 率以一升估一葉. 不知元精暗凋斲, 壯者以悴稚者獘. 嘗聞倭人政化亦如此, 專秉酷烈少慈惠. 一時快意爲長雄, 佳兵不忘戰鬪功. 伏屍流血世常然, 民生眄眄半沙蟲. 人情好異久難革, 末俗滔滔良可惜. 我來經歲作遠客, 處處逢人做火厄. 先師未達不敢嘗, 作詩自箴非乖僻."

❷ 정조(正祖), 명편(命編),《임충민공실기(林忠愍公實紀)》권2,〈연보(年譜)〉."曾所載往煙茶, 無隙可用, 而軍粮已盡, 請餉於虜將. 虜將不許, 公曰:'軍卒盡飢, 無計可活. 將欲興辦以繼之, 請勿禁.' 虜將從之, 卽以煙茶換貿累萬金, 以繼軍餉. 又以一千金進于世子行宮, 五百金進于大君, 又以三千金啓聞, 付之灣府."

담배의 경전, 첫째 권

❶ 서유구(徐有榘),《행포지(杏蒲志)》권3, '담배 심기〔種菸〕'."種菸, 須用挿秧法. 其注秧之地, 必擇肥潤堅實之地, 不爾, 不易生也. (原注: 故以場邊樹下年年繫牛馬之之爲上.) 苗生三五寸, 帶雨移栽. 每栽一根, 輒入蒸黃豆三粒于根下. (原注: 置豆勿當命根, 只離根二三分, 環嵌之若品字形.) 則豆爛根旺, 尤易滋茂."

❷ 서유구, 위의 책 같은 곳, '담배 심기의 금기〔菸忌〕'."彌地. 然苟有宿根, 經冬不死, 翌年蘗苗, 則莖尤葉大, 比當年者尤異."

❸ 서유구, 위의 책 같은 곳."三月間, 擇肥濕地, 熟耕下子, 候立苗, 晝盡夜露. 已成三葉, 可移栽. 先治可栽之地, 以燥濕適中爲良. 就地上多布櫟葉, 犁掩之, 雨後移栽. 每根相去七八寸, 未着根前, 恐萎, 必以松枝櫟葉翳日護之. 待長尺餘, 去梢, 只留六七葉. 日摘筍, 使不分氣. 其葉旣大且厚, 色微黃, 痱磊, 是毒升也. 須就日中摘葉, 編懸簷下, 陰乾始養筍, 再摘三摘, 味不如初. 凡摘葉, 若於雨新晴之時, 則毒平, 味不猛, 須臾俟數日而摘之."

담배의 경전, 둘째 권

❶ 오함(吳晗),《등하집(燈下集)》, 삼련서점(三聯書店), 중국 북경, 23~32쪽.

❷ "公嘗曰:'明宗末宣廟初, 南草始出, 終有壬辰之變. 昏朝末今上初, 爭著襪子[原注:뒤터기 리], 无乃北奴相通之兆耶!'未久, 其言果驗."

❸ "崇禎癸未下禁煙之令, 民間私種者問徒, 法輕利重, 民不奉詔, 尋令犯者斬. 然不久因邊軍 病寒無治, 遂停是禁. 予兒時尙不識烟爲何物, 崇禎末我地遍處栽種, 雖三尺童子, 莫不食 烟, 風俗頓改."

❹ "烟葉出自閩中, 邊上人寒疾, 非此不治, 關外人至以匹馬易烟一觔."

❺ 서명응(徐命膺),《해동농서(海東農書)》(서유구,《임원경제지(林園經濟志)》〈만학지(晚學 志)〉5권 〈연초(烟草)〉 조항에서 인용함). "本産呂宋國, 其入中國, 在萬曆中, 而閩廣人始 種之. 微黃質細者, 號爲金絲烟. 我東自倭得之, 琉球來朝, 亦充貢獻. 大抵出於南番, 故俗稱 南草. 其切細者, 曰岐三伊, 此卽倭語也. 今以關西所種爲佳品, 號爲西草, 又曰香草."

❻ 유정기(劉廷璣),《재원잡지(在園雜志)》2권. "烟草, 名淡巴菰. … 關外人相傳, 本於高麗 國. 其妃死, 國王哭之慟. 夜夢, 妃告曰:'塚生一卉, 名曰烟草. 細言其狀, 采之焙乾, 以火燃 之, 而吸其烟, 則可止悲, 亦忘憂之類也.' 王如言採得, 遂傳其種. 今則遍天下, 皆有矣."

❼ 유득공,《고운당필기(古芸堂筆記)》권5,〈담파고(淡婆姑)〉, 아세아문화사, 128쪽. "倭呼烟 爲淡婆姑, 呼截烟曰支三伊, 我人語亦然. 蓋此草本自倭中來, 故我人學倭語而呼之也. 今人 不知其爲倭語, 妄解之曰:'淡婆姑者, 膽破塊也. 煙性破痰故也. 支三伊者, 鎭三昧也, 湖南 之鎭安, 關西之三登, 出佳烟故也.' 其說似通, 然傅會甚矣. 自古妄解者, 類多如此."

❽ 장유(張維),《계곡만필(谿谷漫筆)》, '담배를 칭송한 말의 허실(稱頌南草之虛實)'. "古者南 人重檳榔, 謂醉能使之醒, 醒能使之醉, 飢能使之飽, 飽能使之飢, 蓋酷嗜而稱美之耳. 今世 嗜南草者, 亦言飢能使之飽, 飽能使之飢, 寒能使之煖, 熱能使之凉. 其稱之絶類檳榔, 亦可 一笑."

❾ 나대경(羅大經),《학림옥로(鶴林玉露)》, 상해고적출판사, 247쪽. "嶺南人以檳榔代茶, 且 謂加以御瘴, 余始至不能食, 久之, 亦能稍稍. 居歲餘, 則不可一日無此君矣. 故嘗謂檳榔之 功有四, 一曰醒能使之醉, 盖食之久, 則熏然頰赤若飮醇然. …二曰醉能使之醒, 盖酒後食 之, 則寬氣下痰, 餘醒頓解. 三曰飢能使之飽, 四曰飽能使之飢. 盖空腹食之, 則冲然氣盛如 飽, 飽後食之, 則飮食快然而消."

❿ 이규경(李圭景),《오주연문장전산고(五洲衍文長箋散稿)》. "藥治功用, 亦有可賞. 如比諸 檳榔四功則似誇, 而其禦寒辟瘴利竅徹髓, 則不誣也."

⓫ 왕사진(王士禛),《분감여화(分甘餘話)》2권,《왕사진전집(王士禛全集)》6권, 4768~4769

쪽. "韓慕廬宗伯 嗜烟草及酒, 康熙戊午, 與余同典順天武闈, 酒杯烟筒不離於手. 余戲問曰: '二者乃公熊魚之嗜, 則知之矣. 必不得已而去, 二者何先?' 慕廬俯首思之, 良久, 答曰: '去酒.' 衆爲一笑. 後余考姚旅《露書》: '烟草産呂宋, 本名淡巴菰.' 以告慕廬. 慕廬時掌翰林院事, 教習庶吉士. 乃命其門人輩賦〈淡巴菰歌〉."

⑫ 이덕무(李德懋), 《청장관전서(青莊館全書)》, 〈한죽당섭필(寒竹堂涉筆)〉, '담배, 고기, 술의 우열(煙肉酒).' "偶與諸客, 各言所欲. 有一客曰: '僕所嗜, 烟·肉·酒三物.' 余問: '三者如俱不得, 當去何物?' 客曰: '先去酒, 其次肉.' 余問其次, 客 然曰: '如去烟, 雖生何樂.'"

담배의 경전, 넷째 권

❶ 왕사진(王士禛), 《향조필기(香祖筆記)》 7권, 《왕사진전집(王士禛全集)》 6권, 4609쪽. "近京師又有製爲鼻烟者, 云可明目, 尤有辟疫之功, 以玻璃爲甁貯之. 甁之形象不一. … 以象齒爲匙, 就鼻嗅之, 還納于甁. 皆內府製造, 民間亦或仿而爲之, 終不及."

❷ "又有鼻烟, 制烟爲末, 研極細, 色紅, 入鼻孔中, 氣倍辛辣. 來自西域市舶, 今粤中亦造之."

2부

5. 남령초(南靈草)를 주제로 질문에 답하라 – 정조(正祖)

❶ 《홍재전서(弘齋全書)》 제178권, 〈일득록(日得錄)〉 18, '훈어(訓語)' 5. "南草之益於人. 當暑滌暑, 氣自降, 故暑自退, 當寒禦寒, 涎自溫, 故寒自防. 飯後賴以消食, 便時能使辟臭, 欲睡而睡未至, 吸此則睡來. 以至吟詩做文與人語及靜坐時, 無不有益於人者. 古人惟張新稍解此趣味者."

7. 담바고 사연 淡巴菰說 — 이현목(李顯穆)

❶ 李顯穆, 《笑庵集》, 〈南草謠〉. "長安毛笠子, 相逢長安陌. 見它吸烟草, 前致禮數說. '曾前雖未面, 幸惠一兩竹.' 其人睨而立, 問 '君何處客. 居在長安裏, 世情何不識. 烟草一葉錢, 僅能十竹得. 珍藏油囊中, 要作一日食. 一葉豈容易, 獨喫猶未足. 至親四寸間, 乃可許一給. 若見新查頓, 始以爲款接. 嘗見士夫家, 惚解烟草惜. 人非面相熟, 不肯使之喫. 遇他顔情客, 然後勸其吸. 一竹尙可許, 二竹非所欲. 三竹誠悶迫, 眉間已見蹙. 客去 草匣, 悔却不袖入. 世情旣如此, 況復生面目. 煩君勿謂薄, 取與當徒俗.' 聽此默無言, 只可一歎息."

원문 · 영인본

1부

烟經

烟經序

　　古人於日用飮食之事, 莫不有書以記之. 故鄒平公有《食憲》五十章, 王績有《酒譜》, 鄭雲叟有《續酒譜》, 竇苹亦有《酒譜》. 陸羽有《茶經》, 周絳補之, 毛文錫有《茶譜》, 蔡君謨・丁謂有《茶錄》. 以之飮啜之外, 有可以資淸賞・備故事, 則若范曄之《香序》, 洪駒父之《香譜》, 葉廷珪之《香錄》, 皆就燒香一事記之也. 若君謨之《荔枝譜》, 沈立之《海棠譜》, 韓子溫之《橘錄》, 范石湖之《梅菊譜》, 歐陽永叔之《牧丹譜》, 劉貢父之《芍藥譜》, 戴凱之《竹譜》, 僧贊寧之《筍譜》, 皆就名花嘉實上記之者也. 於此可以見古人之於物, 苟有一善之可錄, 則不以物微而遺之, 蒐羅其隱者, 闡揚其蘊者, 莫不裒以爲書, 以詔後來. 則其爲庶物, 揚側陋, 與天下後世而公其用者, 其意豈一時翰墨之戱也哉! 天下之吃烟, 亦久矣.《蚓庵瑣語》称崇禎初烟葉自呂宋傳來. 宋荔裳《綏寇紀畧》亦引爲明季一灾沴, 則烟之自南蠻來者, 且四丙子矣.《李澤堂集》有〈南靈卅歌〉,《林忠愍家傳》稱錦州之役載烟以易食, 則東國之有烟, 亦將二百年所矣. 蓺之者, 若業黍麻, 而種植之法至焉; 服之者, 若親杯觴, 而修製之方萃焉. 以至族彙漸繁, 而名品異焉; 智巧漸尙, 而器用備焉; 薰花吸月, 而有酒之妙理焉; 燒碧燃紅, 而有香之意思焉; 銀杯花筒, 而有茶之風致焉; 培花曝香, 而亦無愧於珍實名卉焉. 則二百年間, 宜其有文字之所以記焉者, 而纂輯家未聞有所誌焉, 則豈物瑣事冗, 不足爲墨卿之從事歟? 盖有之而余未之見也, 有固寡之愧歟? 抑其出猶不久矣, 有未遑者而留而爲後人涉筆之地歟? 余癖於烟甚, 愛且嗜, 不自畏笑, 妄有撰次, 疎繆荒穢, 固不足以發幽抉秘. 而若其記載之意, 則庶幾乎酒錄花譜之類云爾.

歲庚午, 鳴蜩之月下浣, 花石山人題.

烟經 一

◎ 昔樊遲問爲圃, 子曰:'吾不如老圃!'聖人之意, 雖責其所問之鄙, 而盖爲圃之道, 亦必求老於圃者問之也. 余嘗見鄕之業植烟者, 名之曰艸農. 艸雖非農, 而其作苦而求利也, 則亦一農也. 京華貴游子弟, 只知烟爲可吃, 不知烟之所以種穫培植者爲如何, 則亦何異乎飽喫玉食而不知稼穡之艱難者歟! 余旣鄕居, 多種烟, 有所得於老圃者, 故爲先記其種穫培植之方, 俾食烟者, 知烟之所以成者, 亦不易焉.

一. 收子
◎ 子, 黑, 微黃赤. 細無倫, 粟可三之. ○ 有曰五十葉, 或曰:"西之烟曰牛舌葉, 味下之."葉疎曰倭葉, 箕而矮. ○ 藏不密, 鼠穴而齕.

二. 撒種
◎ 剗地爲平, 不墢而築. 先以尿水潤定, 將子和黃土或灰, 均撒, 令勿密. ○ 陰之以松靑. 苗生二葉, 卽去陰, 去雜艸.

三. 窩種
◎ 間二咫, 挖一小臼, 實糞灰, 蓋以土熟大豆. 豆每顆糝烟子四五粒, 掩不露, 豆爛而烟苗, 勝於移. ○ 斷秸寸長, 涎而粘子亦可.

四. 行苗

◎ 苗寸而上, 得雨, 皆可移. ○ 旱則堅築, 霖則疏封. ○ 濕地凸, 燥地凹. 凡地壟而植其畎. ○ 苗過於脩者, 乙而埋, 至腰.

五. 壅根

◎ 苗之徙十日, 根而如生, 鋤土令柔, 捄而封之, 如垤如塊, 視苗大小. ○ 又十日復爾, 自移至刈, 壅不厭數.

六. 漑根

◎ 壅旣完, 候將雨, 以尿灌其本, 勿令葉知. ○ 一漑而止, 再三之, 葉雖茂, 不利火.

七. 下藥

◎ 古堗灰·雞矢·白爛艾葉·乾馬通, 等分糅和, 各一根與一合, 多而鋤, 解其封, 環而圍之. 近不親膚, 遠不出趺, 復會而完之.

八. 剔筍

◎ 苗旣盛, 其氣旁出而筍, 任而不剔, 剔而不勤, 支强於宗, 毒不注葉. ○ 剔必惟日, 期以無筍. 惟留近地者一, 爲剪後之罼.

九. 禁花

◎ 欲筍而不得, 則毒不肯專於葉, 上而爲花. 花則實, 實則葉瘦而淡. ○ 擇早穗者一二, 許其花而子之. 其餘髡之, 俾不得紅而□.

十. 除蟲

◎ 烟之毒有, 蟲猶甘之在. 釋蟹拇鉗其莖, 及長, 蝻蜎者靑, 剝其葉, 始猶作河洛文, 甚則無葉而旣. 朝起審其背, 捕而除之.

十一. 愼火
◎ 烟有疫, 其名曰火. 病者葉斑而爛, 始赤, 誌如灑赭. 未幾, 黃. 又未
幾, 白, 蓋朽也. ○ 一樹病, 百樹從. 火有起, 卽去之, 無使蔓.

十二. 騙葉
◎ 葉之最下曰影, 影近土, 多海金沙. 且不受陽, 老而猶不毒. 甕之時,
騙而去之, 勿令分氣. ○ 暴其影, 爲嘗新用, 亦佳, 曰靑芔烟.

十三. 采葉
◎ 毒旣至, 卽可采. 毒之候, 葉忽硬而如糒, 黏而如膠. 色深靑而隱黃,
全身反側, 不能安者, 毒之不自勝也. ○ 或連莖斳, 或以葉取. 葉取者,
筍復爲葉, 斳者, 支復爲本. ○ 甕漑之所力, 或三采, 或四五采. ○ 采過
期, 毒復下.

十四. 編葉
◎ 葉少菱, 辮秸以編. 其柄, 四分而三合以固之. ○ 辮一眼, 或兩葉, 或
五六葉. 兩葉弱, 五六葉太樸, 樸則易饐. ○ 或五十眼, 或七八十眼, 長
短無程, 兩端繼以絇緌.

十五. 暴葉
◎ 旣編, 鋪地若委. 二日三日太陽下灸, 翻而受之, 尖角微黃, 卽擧而施
之於宇. 有風無雨, 日或朝暮, 披而審之, 內無其靑, 乹[1]已成矣. ○ 陽
乹紅, 陰乹靑, 乾不善者, 黑.

十六. 曬葉
◎ 秋露方繁, 枯槁猶浥. 乃從宇下, 遷于屋上. 夜則承露, 朝則納陽. 葉
之性, 剛者柔, 澀者油, 辣者不射喉. ○ 如是凡三日夜, 始收.

---

1) '乾'자의 오용이다. 아래에 쓰인 두 글자도 같은 경우다.

十七. 罨根

◎ 未霜, 收烟根大者, 罨藏土窖中. 春而芽, 明年又爾. 宿二冬, 不罨而能樹. ○ 葉漸細, 味漸毒.

烟經 二

◎ 子曰: "人莫不飲食, 鮮能知味." 味猶鮮知, 況知其所由之遠·知其可施之宜者, 能幾人也哉? 余嘗見世之吃烟者, 多知以南艸, 而不知其爲烟, 只知爲自倭國, 而不知其所出. 鄉里之人, 慣於按團, 而不知市刺之如何者有之, 京華之人, 狃於買品, 而不知刀切之如何者有之, 則吃烟是一尋常日用之事, 而能知其所可知者, 亦鮮矣. 余爲備逃其原由, 與性味, 與鋪疊茜切之法·斟酌燒吃之道, 與不知者告之也.

一. 原烟

◎ 中國古無烟, 明崇禎初, 自呂宋傳入閩. 未幾, 至出關. 始猶酒蒸吃, 最宜冬. ○ 初有厲禁, 戍卒病, 遂不禁. ○ 其始, 烟一勏, 直一馬.

二. 字烟

◎ 烟之名曰菸, 朝汕曰南艸, 又曰烟茶. ○ 鄉名曰淡巴菰, 或作痰破膏.

三. 神烟

◎ 或曰痰破膏, 非也. 蠻之女有曰淡泊鬼, 夫病, 不得藥, 從而死, 矢曰: "願爲藥以救人." 是爲烟, 帝女之化詹艸也.

四. 功烟

◎ 澤風子曰: "烟, 飽使飢, 飢使飽, 醉使醒, 醒使醉." 偉哉! 烟之功, 南氓之有檳榔果也.

五. 性烟

◎ 烟味苦辛, 性大熱, 有大毒. 主氣鬱·膈滯·喉痰·惡心, 治一切憂思. ○ 能辟寒, 辟惡臭. ○ 中毒者, 用蘿葍汁解.

六. 嗜烟

◎ 烟之始, 韓葵業嗜之. 或問: "酒食烟三者, 必不得已, 去於斯三者, 奚先?" 曰: "去食." 又問曰: "必不得已, 去於斯二者, 奚先?" 曰: "去酒. 酒食可無, 烟不可一日無."

七. 品烟

◎ 西烟, 香而甘, 峽烟, 平而厚. 湖南之烟, 柔而和. 惟北方之烟, 甚强, 喉燥而腦暈. ○ 赤埴之田, 味而烈, 塗泥之田, 燥而羶. ○ 植於舊釁之地者, 旨哉! 不可尚已.

八. 相烟

◎ 庸烟吃而知, 老烟齅而知, 巧烟目而知. ○ 啓藏, 有甘香氣螫鼻者上, 辣氣者次, 燒毛氣·艸腥氣·無氣者下. ○ 手摩, 津津如漬蜜, 金色而微紅者上, 柔而赤�之如蚯蚓脚者次, 色或靑, 或黑, 或黃白, 隨手作蛺翅碎者下. ○ 大率色淡者淡, 體薄者薄.

九. 辨烟

◎ 烟之貴曰西, 貴故亦有贗焉. 體, 西也, 色, 西也, 惟氣與味, 非西也. 或籽葉之所冀, 或霜雹而早, 或浣於雨, 或紅藍之黃, 皆不可吃. ○ 有工造雁者, 煎烟如餳, 三浴之, 加苷汁, 再加朴硝水, 潤之以火酒. 雖雁, 味無敵.

十. 校烟

◎ 時貴時賤, 物之情也, 烟爲甚. 嘗貴極,[2] 漢陽之市, 持一文者, 析半葉, 屑其骨, 杯量而訂價. 又嘗賤之極, 市兒衒者, 一錢搰而拇不交者二.

○ 關之西, 一秤而七十錢者, 惟巡察使嘗之.

十一. 輔烟

◎ 遠至者·老於藏者, 凝而頑, 剖之如石, 解之如沙. 卽以蜂餳水或火
酒, 蘸兩端, 令濕氣緩透, 味倍佳. ○ 强而太亢者, 到乾棗肉, 糅和, 佳.
或切蓮葉和, 或拌香末燒, 佳. ○ 病於無者, 亦吃桑棗葉·蒼耳葉云.

十二. 噗烟

◎ 烟之美者, 不澤而自液. 其餘噗而柔之. ○ 水太儉, 傷葉, 水太多, 傷
味. ○ 晨鋪而承露上, 安於下地, 使久而潤, 次之. 不得而噗, 必均而細,
珠結如粟, 翻復之, 厚被而輕躇之, 卽其身通和而適矣. ○ 市之人, 不然.
借水而爲重, 故揮箒而雨. 市之品, 皆不利火, 無味者, 水之多也.

十三. 鋪烟

◎ 葉葉而繙, 審而治之, 惟謹. 沙則振之, 灰則掃之, 塵則搭之, 芥則拾
之. ○ 愼壁鏡, 若愼河豚之煤, 小有失, 殺人. ○ 去其脊, 舒其角, 鋪而
疊之, 均厚薄, 齊圓隋, 三卷而摺之. 大刀, 區而廣; 小刀, 脩而敦. ○ 倭
之葉, 若硾紙而積卷, 只紅條, 總其附, 無事鋪也.

十四. 到烟

◎ 市人用到, 家人用刀, 切之如鱠, 細而不厭. ○ 絲髮爲上, 芻莖次之,
糠麬次之, 菜芼末之. 切若如菜, 人必問羹, 聞火則辣, 治之不成.

十五. 儲烟

◎ 藏葉烟, 宜厚裹而緊絞, 人立而植. 上防雨, 下防濕, 防穴鼠. ○ 藏切
烟, 磁甖上, 木匱次, 紙裹次. ○ 終始忌風, 風不愼, 乾而味辛. ○ 藏之
所, 密鬱而白醲. 醲雖無傷, 腐則味爽.

---

2) 아래의 문장으로 볼 때, '嘗貴之極'으로 써야 할 듯하다.

十六. 斟烟

◎ 量杯而實, 惟意橡栗. 平其底, 無窒其咽; 歛³⁾其頂, 無帽其唇. ○ 潤者彈之, 使疏; 燥者捒之, 使密; 散者堅之, 使凝. ○ 乿若小過, 鉤弋而三呵之, 妙.

十七. 着烟

◎ 凡着火, 火茸火最佳, 星星火次之, 紅炭火末之, 燃薪火又末之, 燈燭火又復末之, 麩炭火末又末之. 炭與薪, 其勢燄, 燄火末及而杯烘, 燈與燭炙而不燃, 誤而脫杯, 棄燈與油. 麩火, 香甘之烟, 皆爲糠味, 大不可. ○ 火着偏倚, 深若瓦窯; 火着遍地, 圍若野燒. 遲速緩峻, 惟火爲要.

十八. 吸烟

◎ 齒以咬住, 不至陷鐵. 唇以鼓鞴, 時啓時閉, 無如兒吮乳, 無如魚吐沫. 一呼一吸, 始翕而闢, 其味無窮, 悉能體得. ○ 時或噙口不洩, 默運眞氣, 從鼻孔噴出, 腦海淸爽, 妙不可說.

十九. 洞烟

◎ 取烟葉, 厚疊密捲, 作小箚, 圍視杯口, 長短在手. 堅植在杯上, 上安一豆子火, 吸之, 味勝剉切, 一杯當三杯, 鄕名烟洞烟.

烟經 三

◎ 子曰: "工欲善其事, 必先利其器." 天下之事, 無無器而可能者, 則一飯之恒, 而必有待乎盌楪匙箸矣. 一飮之庸, 而必有需乎瓶罍淺玷矣. 欲善其事, 而必利其器者, 奚徒工而已也哉? 此蔡君謨之《茶錄》下篇, 專以

茶具爲重者. 而烟之有具, 亦未嘗不若茶具, 則此余所以著爲一編, 而本
之自烟刀·烟盒, 外之及火節·火鎌者, 皆以其爲烟之具也, 而亦出於利
其器之意也云爾.

一. 烟刀
◎ 市之切, 剉; 野之切, 刀. 剉宜頸長而厚背, 刀宜薄而廣. ○ 砥不離
側, 切而復磨, 刀不利, 切不細. ○ 利而不愼, 血指而釁.

二. 烟質
◎ 市刀有局, 承之以氈革. 家切無常, 遇木則畫, 木太剛則傷刃, 木太柔
則屑生白. ○ 鋸斷五寸株, 立而爲格, 芒刃不缺, 俎亦無跡.

三. 烟杯
◎ 杯之品, 白銅上, 黃銅次, 紅銅又次, 水鐵又次之. ○ 其制, 竅欲疏,
乳欲細, 器欲闊而深. ○ 有抽而作菇莖者, 有飽而作蓮芍者, 有窪而作
橡斗者, 有四稜者, 有六稜者, 有三成而間銀銅者, 有銀籍者, 有銀臺者,
有鍍銀花者, 有鑴銀壽福篆者. ○ 俗侈匠巧, 鬪新尙妙, 其制不一, 不可
以悉. ○ 大抵太纖近婦女, 太華近俠游, 太壯近興儓, 無侈無野, 醇而不
繪, 豁而不碍, 容而不塞, 斯之美矣. ○ 亦有層而如鉢, 蓋而如盒, 輪而
如輓, 大而能受一握者. ○ 惟琺瑯嵌花, 不可用.

四. 烟筒
◎ 烟之所往來, 筒爲之路也. 太短, 則近火而無味, 太長, 則亦多妨, 貌
慢一也, 易折二也, 頻噎三也. ○ 無位之士·未奢之子, 筒齊其身, 人反
爲恥. 長不出四尺, 短不入三咫, 得其中矣. ○ 花斑上之, 促節次之, 皂
竹次之, 白竹末之. ○ 花斑固好, 而五色鱗瑞, 遍地無閑者, 還戒太侈,
不如紫地作紅梅點, 黃地點桃花二三者. ○ 促節耐久, 猶妨倒汁.

五. 烟囊
◎ 以紙, 或以紬. 油而爲子囊, 亦有圓其腹爲亥囊. ○ 厚油而凝之, 使
黏而不燥, 套之以帛, 以防磨穿. ○ 中國之囊佩, 不局香茶藥烟, 至四至
六, 東人羞之, 不敢佩服. 佩之者, 野人, 貧人, 賤人也. ○ 籤骨而紅星,
當係而押者, 市童子之夸也.

六. 烟匣
◎ 平壤造上, 松都·全州造次, 漢城造次之. ○ 或作橘皮皺, 或作蓮葉
綠, 皆取瑩如琉璃, 柔如麐皮. ○ 或以紫紬緣帒口佳, 或衣以靑黑布而
紐.

七. 烟盒
◎ 文木而黃銅粧者, 黃銅而嵌花者, 油鐵而鋄銀花者, 木漆黑而嵌螺鈿
者, 品亦不一, 多有位者之用.

八. 火爐
◎ 爐之制不一, 各適其用, 而烟之爐, 貴小, 貴輕, 貴深. 小則占地不廣,
輕則便於左右, 深則能久火. ○ 只菇一塊紅, 能終一日一夜者, 好. ○
中國人多爇烟香, 無事乎爐.

九. 火筯
◎ 下圓上方, 食筯而長, 連鐶而綴之, 只可撥灰掩灰好. ○ 亦或用鐵匙.

十. 火刀
◎ 一名火鎌, 鄕名火鐵. ○ 烟之用火刀, 火最有味. ○ 或小窑而藏之,
或荷包而囊之. ○ 宜於夜, 宜於雨, 宜於行路, 不可以無. ○ 其品有三,
孔風穴, 七星風穴, 萬字雙穴. 又有銅結交龍而加火刃者, 隋如籤牌而出
兩刃者. ○ 古者, 男子佩鑱. 鑱者, 夫遂也, 盖類也. ○ 夫叩火之法, 制
不如性, 性不如石, 石不如人.

十一. 火茸

◎ 端午翠絶佳, 厚紙漬蟾蜍灰佳, 蕎稈灰佳. 烟骨灰易緩, 藜灰有艸氣, 朴硝水太煐, 或曰傷人. ○ 手法之聖, 故紙墨痕, 皆可用. ○ 茸苟不敏, 星流電迅, 承而復爆, 石喪其利, 金愒其試, 人病其臂. ○ 石; 唐勝鄕, 白勝黃, 紅勝蒼, 柔勝剛, 匾勝方.

十二. 烟臺

◎ 烟爲灰, 灰則爲塵, 塵則浼人, 勢所相因. 於是爲小盒, 頂板而啓闔, 板敧而容入, 凹其一面, 以安承杯, 俗曰灰匵, 實烟之臺. ○ 烟而不臺, 席有火跡, 衣有灰色, 遏烟入爐, 毒焰裊碧. ○ 或鎓鑄如匦而隔.

烟經 四

◎ 朱子嘗論物之理, 有曰: "花瓶有花瓶之理, 燭籠有燭籠之理." 所謂理也者, 不過是如此則可, 如此則不可, 如此則好, 如此則不好之謂也. 然則吃烟, 不過一閑漫事, 而視諸花瓶·燭籠, 猶爲緊用, 則豈可以吃烟而無其理也哉? 嘗觀袁石公<觴政編>, 專論趣味之妨宜, 則烟亦酒之類也, 其理宜與酒而無間. 故畧論烟之所以用之之理, 以著於末云爾.

一. 烟用

◎ 一, 飽喫盂飯, 口餘葷腥, 卽進一杯, 胃安脾醒. ○ 二, 早起未嗽, 痰噎津濁, 卽進一杯, 灑然如濯. ○ 三, 愁多思煩, 無賴莫聊, 徐進一杯, 如酒以澆. ○ 四, 飮酒旣多, 肝熱肺㦬, 快進一杯, 鬱氣隨歇. ○ 五, 大寒氷雪, 鬚珠脣强, 連進數杯, 勝服熱湯. ○ 六, 大雨潦溼, 席菌衣花, 恒進數杯, 氣燎而嘉. ○ 七, 思詩軋軋, 撚髭咬筆, 特進一杯, 詩從烟出.

二. 烟宜

◎ 宜月下, 宜雪中, 宜雨中, 宜花下, 宜水上, 宜樓上, 宜途中, 宜舟中, 宜枕上, 宜廁上, 宜獨坐, 宜對友, 宜看書, 宜圍棋, 宜把筆, 宜烹茗.

三. 烟忌

◎ 一, 尊前不可. ○ 二, 子孫之父祖前不可. ○ 三, 弟子之函丈前不可. ○ 四, 賤之貴人前不可. ○ 五, 少幼之長老前不可. ○ 六, 祭祀不可. ○ 七, 大衆會, 獨吃不可. ○ 八, 忙急時不可. ○ 九, 病癃吞酸時不可. ○ 十, 赫炎旱日時不可. ○ 十一, 大風時不可. ○ 十二, 馬上不可. ○ 十三, 衣被上不可. ○ 十四, 火藥·火鎗邊不可. ○ 十五, 梅花前不可. ○ 十六, 病咳喘人前不可. ○ 一切嚴禮貌處不可, 愼火患處不可, 妨烟氣處不可, 戒寔蹶處不可. ○ 嘗於寺中對佛而吃, 僧大悶.

四. 烟味

◎ 對案讀書, 咿唔半晌, 喉燥涎膠, 無口可吃. 讀既已, 引爐撚筒, 細進一杯, 其甘如飴. ○ 趨陪 殿陛, 既嚴且威, 緘口自久, 五味甘澀. 纔脫禁局, 忙索烟匣, 促進一杯, 五內皆香. ○ 冬夜漫漫, 睡覺雞初, 無人可酬, 無事可賴, 潛叩火刀, 一剔承燐. 徐從被底, 穩進一杯, 春生虛室. ○ 長安城裏, 日熱道狹. 鮑肆溝圊, 百臭破鼻, 使人幾乎失嘔. 忙向友舍, 未暇敘阻, 主人勸進一杯, 頓如新浴. ○ 峽路荒店, 病嫗賣飯. 蟲沙雜蒸, 鹽腥蒩酢. 只顧軀命, 强吞忍吐, 胃滯不輪. 匙纔停, 卽進一杯, 如食薑桂, 是皆當之者知之.

五. 烟惡

◎ 童子含一丈筒立吃, 時復從齒間唾, 可憎. ○ 閨閤衣紅婦人, 對郎君自如吃, 可愧. ○ 年少鴉鬢, 踞竈頭, 吃如吐霧, 可痛. ○ 野人携五尺白竹筒, 粉末烟葉, 和唾引火. 數吸便盡, 而棄唾於爐, 埋灰於席, 可悶. ○ 破笠丐子, 筒與節長, 而道上攔人, 索漢陽鐘聲烟一杯, 可怕. ○ 朱門驕僕, 横植不短之筒, 爛焚西烟, 而客過其前, 不暫停吃, 可榜.

六. 烟候

◎ 測時之法, 或尺而影, 或漏而聲, 而亦不可隨時而驗, 隨處而占, 則皆不如烟之測候之爲簡且易也. 或限詩令, 或促急步, 或寬小暇, 或約近期, 每以一杯烟 · 二杯烟, 至于三杯四杯, 以爲準焉. 則杯雖有深淺, 烟雖有燥潤, 而大抵所以候時者, 差亦不遠矣. 顧何待索與辰鐘也哉!

七. 烟癖

◎ 嗜而過, 人病之曰癖. 有飯癖 · 酒癖 · 餅癖 · 餳癖 · 麪癖 · 諸果癖 · 苽癖 · 豆腐癖者, 而於烟亦多癖之者. 古一相國, 弱冠日吃西烟二觔, 一尙書常用二杯, 遞進而杯不冷. 近一相國 · 一元戎, 皆用新樣別製杯, 杯恰如鵝卵殼. 又或有三歲兒, 盡日吃不住, 亦不曾醉暈. 烟亦有生而癖者歟! ○ 其初, 吃者百一二, 近古不吃者, 猶十一二. 今則男子皆吃, 婦女亦皆吃, 賤者猶皆吃, 遍一世, 無不吃烟者. 然而貴人多癖, 愁人多癖, 閑人多癖. 癖之者, 盖亦多矣. ○ 聞燕京, 則婦女甚於丈夫云.

八. 烟貨

◎ 居峽者, 有一頃地, 不種粟而種烟. 鄉居者, 有一席地, 不種菜而種烟. 故山海之市, 負而相首尾者, 烟也. 漢陽, 大都會也. 東北以蹄角運, 西南行舟楫, 川委而雲集者, 皆烟也. ○ 城中外開舖, 凭橫而坐, 磨刀之聲相聞. 童子席地而墻環, 叫買西烟紅烟者, 聒人耳. 前負以胸, 行而求街者, 踵相杳也. 然而朱門華屋, 則饋遺日臻, 而亦不曾求烟於市. 烟之費, 不亦廣哉! 一日吃一日之切, 一歲吃一歲之種, 非烟之多, 吃者之多, 非吃之多, 癖者之多. 觀於烟, 知人之方, 盛多矣.

九. 烟趣

◎ 天下事, 事事皆有其格. 苟失其格, 便覺沒趣. 今若以烟之格論之, 則位高卿宰 · 方伯 · 州牧, 觀瞻所係, 使令足前. 一聲烟來, 自有伶俐小史, 忙啓銅盒, 揭起金色烟. 取觀音紫竹七尺筒, 燃幾到半, 翻裾淨杯, 鞠躬而進. 高倚花席, 緩緩吸進, 便貴格. ○ 年大老人, 孫曾列侍, 擧止從便,吃烟亦罕. 飯粥少頃, 始命一杯. 或是稚孫, 或爲女侍, 徐展油匣, 斟酌輕杯. 火候旣熟, 拭而進之, 移灰臺以薦之. 坐吃臥吃, 從其所安, 便福格. ○ 年少郎君, 袖出小匣, 引銀萬字東萊杯. 粧訖, 虛橫左吻. 又於囊裡取出精緊火刀, 一聲砉然, 火已近指. 插在烟心. 緊弄唇舌, 一吸再吸, 烟已出口, 便妙格. ○ 夭韶佳人, 逢歡撒嬌, 就歡口裡, 拔出銀三箇滿花竹燃未半者. 不暇念灰散羅裙, 不曾顧涎流滴珠, 忙插在櫻紅唇間, 且笑且吸, 便豔格. ○ 鋤水農人, 停鋤, 坐稻睚靑艸間. 麥酒初巡, 於露髻上拔出橫簪短竹杯, 捲烟葉, 作烟洞狀, 安在杯上. 左手擎杯, 右手執火而燃之. 烟出如烽, 直衝其鼻, 便眞格. ○ 人各有其格, 格各有其趣, 相如姍之, 曰: "君獨未知其趣耳."

十. 烟類

◎ 火至熱, 烟至毒, 人所不可食. 然而海外有食火之民, 仙翁有吐火者, 人之吃烟, 亦類也. ○ 醫家有筒烟法, 或熏耳, 或熏齒. 吃烟亦何以異於是. ○ 古人以吃烟爲南朝聖火之比, 而歸之於明季赤眚, 則吃烟, 其豈火沴木之類歟! ○ 今則用大於酒, 功先於茶, 直可曰茶酒之類也. ○ 人有愛香烟成癖者, 則吃烟亦豈非香烟之類也. ○ 南方之人, 習食檳榔, 常儲懷袖, 和灰食之, 故齒爲之紅, 亦食烟之類也. 嗜食烟者, 齒皆內黑, 如构奴之漆. ○ 近西洋人, 又傳鼻烟法. 取黃黑屑一黍, 大吸入鼻孔, 可敵吃一杯佳烟. 若鼻烟者, 又是烟之別部也.

2부

1. 烟經

李鈺

一時, 客住松廣法門香爐寮中, 於如來前, 作跏趺坐, 講《圓覺經》. 是
時, 客欲吃一杯烟, 出象鼻杯, 引香爐至. 幸文沙彌, 卽從座起, 雙手合
掌, 而白客言: "我佛如來, 坐蓮華櫈, 普臨寮中, 一小世界, 不許寮出一
切烟氣." 客時大笑, 謂幸文言: "佛有香爐, 朝夕燒香, 爐旣燒香, 香必爲
烟. 一切世間, 能火諸物, 未爲烟時, 香自爲香, 艸自爲艸, 各自不同, 及
燒爐中, 脫化爲烟. 香烟亦烟, 艸烟亦烟, 艸烟香烟, 是一般烟, 平等烟
中, 此烟彼烟. 且我愛烟, 旣愛艸烟. 亦愛香烟. 如來豈獨但愛香烟, 不愛
艸烟. 且我是客, 非是如來焚脩弟子, 豈有釋迦世尊如來, 待一來客, 不
勸客我吃一杯烟?" 幸文胡盧, 恭遷香爐. 客坐吃烟, 謂幸文言: "同一爐
火, 俄燒汝香, 烟爲香烟, 今燒我艸, 烟爲艸烟, 前烟後烟, 非一般烟. 汝
謂艸烟於汝香烟, 有相因緣, 無相因緣?" 幸文合掌, 而白客言: "前烟前
烟, 後烟後烟, 後烟前烟, 有何因緣!" 客言: "善哉! 前烟後烟, 旣無因緣.
是彼後烟, 於此前烟, 不知面目, 不知姓名, 不相知人, 何必前烟, 爲後烟
地. 前烟香烟, 後烟艸烟; 前烟艸烟, 後烟香烟, 香烟艸烟, 各烟其烟, 何
必後烟, 愛前烟福?" 幸文合掌, 潛歎無已. 客旣吃烟, 謂幸文言: "火香
火艸, 必有烟出, 汝謂是烟, 自爐火出, 自香艸出? 若謂是烟自爐火出,
未投香時, 何不出烟? 若謂是烟自香艸出, 未入火時, 何不出烟?" 幸文
合掌, 而白客言: "無火無烟, 無香無烟. 火合香艸, 烟始得出." 客言:
"善哉! 汝雖有火, 藏一爐中; 汝雖有香, 鎖一盒中, 終年香不去爐從火,
終年火不來盒求香, 香自自香, 火自自火, 未知何處出汝香烟, 而供如來.

大千世界, 無一點烟, 如來亦不得吃香烟." 幸文起謝, 涕淚大下, 五體投
地, 而白客言: "年十五時, 無父無母, 不得不至祝髮花嚴. 今住花嚴, 又
二十臘. 他人祝髮, 擧皆譬如自持香艸, 故投火燒, 弟子卽是不欲燒物,
誤墮火燒, 雖不欲燒, 旣已火燒, 亦無奈何. 阿僧祇劫, 永爲罪人. 今聞雷
音, 滿心慚詐." 客見幸文如是恨歎, 謂幸文言: "香爲香烟, 艸爲艸烟, 烟
雖不同, 烟則相同, 物化爲烟, 烟化爲無, 烟出霎頃, 同歸虛無. 汝看寮
中, 香烟艸烟, 今在何處? 閻浮提是一大香爐."

2. 南靈傳 李鈺

南靈字煙. 其先有淡巴菰者, 當崇禎間, 以醫術聞. 嘗游九邊, 治戌卒
寒疾甚神, 以功封南平伯, 子孫遂氏焉, 靈其枝葉也. 爲人短小精悍, 黃
黑色, 性甚剛烈. 習兵書, 善於火攻. 天君御國之三十二年夏六月, 大霖
雨, 踰月不止. 於是, 靈臺賊秋心, 起兵作亂, 連陷鬲縣‧齊州等地, 方塘
失守, 圍天君數重, 困於垓心. 徵諸將入援, 黃卷從銀海, 欲徑趨九曲河,
賊熾相火焚之. 卷麾於眉山, 不得入. 或薦靈可將, 天君乃使火正黎持節,
拜靈爲神火將軍平南侯, 使火速赴難. 靈聞命, 仗節臨軍, 設烽燧於金臺,
從賁箐谷, 穴道而行, 過石城, 涉華池, 踰咽喉關, 遇賊於鬲縣, 燒走之.
進戰於靈臺下, 與賊大鏖, 火烈風猛, 煙氛四塞. 秋心赴火自焚死, 餘黨
悉降. 天君大悅, 使使冊靈爲西楚覇王, 加九錫. 其冊曰:
"向者, 朕否德, 自貽心腹之憂. 賊秋心與其徒長白髮‧夢不成等, 侵蝕
郡縣, 勢甚熾盛, 終至劒臨防意之城, 矢及神明之舍, 股肱之郡, 莫能相
救; 肺腑之臣, 無以自力. 興念國事, 惟危惟微, 尙賴卿奮起艸莽, 升聞馨
香, 威行橫艸, 若火烈之具擧, 功成破竹, 解鐵桶之深圍, 整頓於呼吸之
間, 收平於灰燼之餘, 終使煙塵不警, 風艸俱偃. 朕惟, 火炎昆岡, 玉石易
混, 而兵不血刃, 惟賊是驅, 使民不知有兵火之憂, 則此卿之仁也. 火攻
素稱下策, 而乃能推孫武之五計, 灰曹操之萬艘, 則此卿之智也. 一鼓而

壯士燻怒, 三驅而狂寇煙散, 斬關奪路, 奮不顧身, 則此卿之勇也. 卿有此三德, 宜居第一. 茲命爲西楚霸王, 賚以銀花鐵盒一, 以爲卿第宅, 黃油紙匣一, 以爲卿衣服; 綠紬囊一, 以爲卿袞冕; 銀壽福箭一, 以爲卿甲胄; 花紋斑竹一, 以爲卿節旄; 白板方櫃一, 以爲卿菜邑; 靑銅爐一, 以爲卿封疆; 鐵刺刀一, 以爲卿尙方劍; 三孔風穴一, 以爲卿圭瓚, 卿其欽哉. 於戱! 不戢, 必自焚, 尙其念哉."

靈雖受封西楚, 而時秋心之徒憂心, 猶隱伏於氣海, 故不許靈之國, 靈仕于朝, 兼進香使·榷茶使·酒泉太守, 權重一世. 天君嘗指而語曰: "不可一日無此君."

花史氏曰: "昔韓慕廬茇, 與南煙及麴生, 爲忘形友, 人問: '二者如不可兼, 當去何者?' 韓公沈吟良久曰: '皆不可去, 若不獲已, 其去麴生乎! 至於煙, 有死不可去.' 余於南君, 亦然. 於是, 爲立傳以紀. 或曰: '其先呂宋人.'"

3. 淡婆姑傳

林象德

淡婆姑, 南蠻比丘尼也, 世莫知其本. 或曰: "秦始皇帝時, 方士徐市入海, 求不死藥. 婆以童女從, 獨得靈藥, 秘之不與市, 逃入蠻中服食. 遂得神靈之術, 幻身匿形, 隱於草木."云. 蠻俗信佛, 婆自以有匿藥惡業, 遂捨身結願. 性酷烈, 截體難肌, 了不愛戀. 積習沙門淡泊之敎, 因自號其法名曰淡. 蠻人尊之, 遂呼爲淡婆姑. 竟得三昧火自燒法, 其法以一條光明火, 放百千億淸妙氣, 散入人鼻口竅穴, 消去人心中種種穢惡. 其術, 始聞若慘苦瞑眩, 而能變現其光氣, 使人熏入骨髓, 而不自覺知, 故人久而無不悅之.

婆業旣以施導衆生爲心, 凡人之賢愚貴賤, 皆不擇, 遇之懽然相接, 傾囊垂槖, 無所惜也. 世有王公貴介, 沈酣酒肉. 每宴集飲食, 肴羞狼藉. 然及酒罷茶訖, 輒邀婆. 婆卽造, 造輒淸坐. 終日對爐, 撥灰而已. 然人皆神醒

心爽, 如吸沉瀣, 其感人靈妙如此. 雖大儒莊士, 素不喜比丘者, 往往酷
愛婆. 蓋其開心性, 通神明, 最有助, 故取之.

或戲問婆曰:"婆臭味, 當與誰似?"婆曰:"香妖葷穢, 甘酸易壞, 辛辣多
毒. 臭味者, 非道之眞也. 吾豈以臭味爲者哉! 吾所謂'神生於臭化, 火傳
於薪盡, 塵飛色滅, 卒歸於空'者也."人以爲名言. 婆旣示寂, 有紫氣, 棲
其房. 久而淋結, 黝黑如漆, 人以爲靈液, 或傅諸般瘡癤, 能立療, 其徒甚
異之.

種類甚繁, 別爲叢林一支, 皆稱淡婆姑. 然其道猶不傳他國. 至明萬曆中,
往往托蠻舶出來, 今中國亦處處有之. 以其南方靈異之道, 故或謂之南靈
云. 余家有黃媼者, 甚與婆喜. 故余亦因以親善, 雖謂之相契於臭味之外
者可也. 粗爲傳, 且贊曰:

我誦楞嚴之經, 觀香嚴童子, 以香寂得法. 其偈曰:"見諸比丘, 燒沉水香,
香氣寂然, 來入鼻中. 非烟非火, 非木非空. 去無所著, 來無所從."道固
有不謀而相類者耶? 何婆之若妙印於斯旨耶? 婆之道, 以酷烈爲善, 因
淡泊爲法門, 臭味爲糟粕, 空寂爲本色. 故形可使槁禾, 而心可使死灰者.
其妄身之有時而幻也, 如如了了, 若存若滅者, 卽其眞氣之常散而常不散
也. 世之不喜婆者, 或以妖邪比之, 非也. 然亦有愛婆太甚, 如病渴饑. 若
此者, 抑或近於流入異端之歸也哉!

4. 南草答辨 李賓國

宗室懷義君, 自號月灘. 月灘平生不吸南草, 作南草辨以斥南草, 且非
世人之吸草, 故作苔辨云. 丙戌九月
曰有月灘, 月灘公子, 生於金枝玉葉之派, 長乎錦褓繡袴之中. 然猶能文
而業廣, 行修而德高, 不以奢華爲尙, 必以儉素自律. 人之有善, 己口有
之; 人之所好, 己亦好之. 無一毫拂人之性者. 而至於南草之吸烟, 則上
自公卿, 下至牧豎, 內自中國, 外至蠻貊, 無有不惑好. 則其爲物也, 無異

乎蒭豢之悅口也, 人不好蒭豢者, 未之有也, 而公子獨不好之者, 何也?
衆人皆醉, 我獨醒者耶? 好古傷今, 不染流俗者耶? 自古亡身敗家者酒,
而公者於酒則不辭大白, 不厭山纇, 好之無異(已)焉. 自古迷心蕩情者樂,
而公子於樂, 則傾耳聽之, 融心悅之, 樂之不已焉.

噫! 南草之害, 果有如酒如樂者乎? 惟此南草, 生乎日本之東, 則物離鄉
貴者, 莫如南草也. 降其氣, 滌其煩, 則放之最速者, 亦莫如南草也. 以南
草亡身者幾人, 以南草敗家者亦幾人哉?

公子若謂因南草而間有失火者故厭之云爾,　則因炊飯而多有失火者矣.
以其恐失火而廢炊飯者, 亦果有之乎? 未有南草之前未有失火之家, 而
既有南草之後獨有失火之家乎? 家之失火, 惟人失火, 草何與焉?

公子若謂敵國之所産而惡之云爾, 則胡椒之産, 亦由敵國也. 公子何不惡
胡椒而獨惡南草也? 若使此草生乎夫子之世, 則安知夫子之不撤不如生
薑之不撤也乎? 其亦不幸而不出於三代之前, 不見吸於禹湯文武周公孔
子也.

此草烈而無香, 辛而不甘, 燥而無濕, 熱而不冷. 不與(於)神農之所嘗,
不入於神禹之所貢, 不有詩經之比興 · 離騷之託詠, 則可謂草中之不貴
者, 而但惟天下之人心悅之, 天下之人口好之, 則天下人之口同一口也,
天下人之心同一心也. 公子作辨而排之, 則是排天下之心口也. 排天下之
心口, 則公子之口獨非天下人之口, 而公子之心獨非天下人之心耶? 口
非天下人之口, 而心非天下人之心, 則公子之口何口, 而公子之心河心
也?

噫! 公子醉酒而胃煩, 氣脹而腹飽之時, 少焉吸之, 則天下之人不曰南草
而必曰靈草之意, 庶可知矣. 公子作辨而排天下之心口, 故余亦苔辨而正
之, 余豈好辯哉! 余不得已也.

5. 南靈草策問   正祖

王若曰, 百草之中, 利於用而益於人者, 莫過於南靈之草. 是草不載於
本草, 不見於爾雅, 而出於後世, 爲藥籠中不可少之需. 嘗試論之, 味輕
醍醐, 香薄蘭芷. 比之於酒, 則無管仲失言之累, 而有先王合歡之趣. 比
之於茶, 則無王濛强飮之苦, 而有仙家卽愈之效. 玄山之粱, 與不周之稻,
種則嘉矣. 非此, 不能導其闕. 崑崙之蘋, 與具區之菁, 羞則珍矣, 非此,
不能疏其壅.
坡詩三彭之惡, 待以驅除, 而榿子力猶微焉. 醫門寒痰之結, 賴以融化,
而白梅風斯下焉. 其爲民生之利用, 尙有匹其德而媲其功者乎? 今人之
智, 每狃於黨古, 僞玉贋鼎, 託之以商周, 則未有不襲而寶之, 獨於是草,
視之旣卑, 待之甚薄, 往往有恥不近之者, 是草是不正之卉乎? 是非禮之
物乎? 夏后氏之所嘗斥乎? 鄕黨篇之所不食乎? 木綿晚出西域, 而小大
咸以庇身, 西瓜近自回紇, 而人神共享厥液, 物苟論利用厚生而已, 何必
曰古今曰華夷云乎哉!
予自少無他癖, 惟癖於看書, 研究耽躭, 積勞心體, 數十年中之祟, 遂至
於膈常滯而夜或徹. 及夫臨御以來, 看書之癖, 一移之機務之間, 爲祟滋
多, 喫著檳藋, 計以勉包, 求藥百方. 惟得力於是草, 火氣攻痰, 而膈滯自
消, 烟津潤肺, 而夜睡得穩. 沈唫於彌綸之得失, 則棼錯之擾, 淸鑑以操
要者, 其力也. 推敲於丹鉛之甲乙, 則銶劌之煩, 平衡以秤出者, 其力也.
嘗誦范希文詩論功不愧階前蓂之句曰, 豈是草之謂耶; 又誦杜子美詩茶
稱瑞草魁之句曰, 使子美而見是草者, 茶豈容遽稱魁哉! 況一元之氣, 漸
趨澆漓, 而榮衛之精英, 恒無以勝夫水穀之粗濁也, 久矣. 貴賤强弱風土
之一切患痰, 亦其勢之所必然, 則流濕就燥之功, 捨是草, 孰先哉!
夫天地之心至仁, 萬物之靈爲人. 故天地之於人, 規利除害, 如將不及.
是草之出於是時, 抑足以見天地之心歟! 在人君財成輔相之政, 又豈已於
躬先率之, 推及遠邇, 於變其俚淺膠固之俗見也. 爰命載之月令, 書之醫
方, 嘉與我域中之人, 共其惠, 廣其效, 以少答天地愛人之心.
而今於子大夫, 又親策以問之者, 一則欲使子大夫, 不囿於俗見也. 一則

願因子大夫, 欲聞是草之所自也. 華人則稱南靈, 東人則稱南草, 閩人則
稱烟葉. 又按博物家, 有稱烟茶者, 有稱烟草者, 當以何者爲定名歟?
其初, 以其性之能醒酒, 能下氣, 用竹筒火爇吸烟, 頗收神驗. 而慮其有
毒, 不敢輕試. 後有諭其功者, 多言剋木益土, 勝痺除濕, 益人則有之, 毒
實無之, 駸駸乎盛行於世, 而至以匹馬易一觔. 至于今, 處處栽種, 人人
食效. 則禁之者何說, 而其利於用, 益於人, 亦可謂過於茶酒歟?
或有曰, 本草中, 色相臭味之與今名不合者, 類多有之. 安知是草實在本
草而人不曉, 此說何如? 或有曰, 唐宗興慶池南醒醉之草, 得非此種耶?
安知中原古有之, 特不遇多識者, 此說亦何如? 子大夫其悉乃所聞, 旁引
而曲證焉, 予將親覽焉.

6. 記烟茶
李德履

烟茶出於倭國. 或言倭國女子之夫有病痰者, 女子常願自死而療夫病.
後果塚上生草. 其夫取其葉, 吸烟而病良已. 故曰淡泊鬼, 亦曰痰破塊.
我國謂之南靈草, 又直謂之南草.
溪谷漫筆, 記烟茶利害. 而害居多. 然溪谷最嗜之. 故仙源曾奏長陵曰:
"殿下以張某謂有可取, 然臣戒其毋吸烟茶, 而終不能斷. 此其無可取之
一端也." 蓋溪谷於仙源爲女婿. 而每受其戒, 欲斷未能. 故著之於筆也.
世傳備邊司廳中橫烟竹, 自溪谷始云.
烟茶之行, 不過數百年. 遍於天下. 中國及倭奴, 皆細到蒸乾, 袪其毒氣.
獨我國人, 取其液氣津津者爲珍味. 甚者不切而吞烟, 惟恐其不辛辣也.
他國則吸烟之久, 只如飮盃酒之頃, 或烟盞傍開小穴, 穴中火現則止. 我
國以遲延久吸爲味, 灰燼而後已. 其耗氣妨事爲尤甚.
余謂烟茶耗眞氣, 害一也; 催眼昏, 害二也; 烟氣薰染衣物, 害三也; 烟
液點汚衣服書冊, 害四也; 火種恒不離身, 易致疎失, 小則燬衣燒席, 大
則燔屋燎原, 害五也; 口中常啣長枚, 故齒牙早傷, 或有刺喉穴臃之患,

害六也; 爲其所求者, 小而無嫌, 故上下老少, 親疎男女, 相求不已, 或至取侮媒奸, 害七也; 居家者, 不以爐炭爲事, 則呼火不置. 行役者, 火具茶匣, 恒作一累, 害八也; 一吸一噗, 長傲帶慢, 非他飮食之比. 故開少輩逃席之習, 啓下流犯上之漸, 害九也; 惟其爲物, 常爲口手之役, 臨事則掣左碍右, 酬酢則間前斷後, 旣失執敬之義, 又忽容端之箴, 害十也.

客曰: "烟茶之害, 果如子言. 烟茶之不可無者, 又有幾處. 旅窓雨夜, 悄無伴侶, 寢睡不着, 口淡喉燥. 撥爐而良朋在座, 嗽筒而華泉自涌, 其不可無者一也; 談詀未蘇, 鼻息乍調. 侍者困睡, 燈火明滅. 旣脣吻於有事, 幸呻吟之自忘, 其不可無者二也; 終宴之餘, 酒盡茶渴, 甘濃肥膩, 留漫牙舌. 牙根疏滌, 何煩桃籤. 舌本淸淨, 捷於雪桃, 其不可無者三也; 賓之初筵, 主客濶疎. 寒暄才畢, 瞪目相對, 一以爲接風之地, 一以爲望空之資, 其不可無者四也; 政府籌司, 僚屬滿座, 愧經國之無策, 憫具瞻之屬己. 弄竹則或疑乎運籌, 含烟則有類乎沈思, 其不可無者五也; 送愛邊城, 別美南浦, 目旣斷兮魂消, 夢屢咽兮神翕. 高山轉石, 其降氣之快也, 針孔走輪, 其攄懣之速也, 其不可無者六也; 句成而未琢, 篇長而未圓, 操觚力倦, 支頤無俚, 聊持如意, 藻思泉湧, 乍吐奇芬, 綺語雲興, 其不可無者七也; 炎天揮鋤, 赭汗滴土. 暑雨挿秧, 泥塗及腹, 敲石褓底. 颺烟笠簷, 息勞忘容, 以苦爲樂, 其不可無者八也; 山家客到, 盃酒難辦, 到一葉其縱薄, 視虛款而猶賢, 其不可無者九也; 寺濶店厠, 炎蒸雨淋, 穢氣騰上, 塞鼻無㡿[策], 其不可無者十也.

若夫飢者使之飽, 飽者使之消. 寒者使之熱, 熱者使之凉. 則雖是耽之者之說. 而亦不無其理, 然今不必索言. 至於蔀屋單丁, 卓錐無地, 公徭私債, 從當沒策. 携耒入山, 燒畬破塊, 子播蟹卵. 葉抽鳳尾, 五穀未秀, 此已入市. 拈兩播斤, 得錢家多. 負戴之倫, 莫之與京, 緩嚬補欠, 施施而歸, 妻孥有欣欣之色, 暴吏失震喝之威, 不稼不穡, 畢歲饘粥, 此其爲利於種之者也. 下邑貧商, 缺少貨本, 買貴乏錢, 貿賤惜力. 匪賤匪貴, 爰有葉貨, 鎭三之産, 甲于西南, 截草之櫃, 牟于京肆. 揣級論價, 辨色識味, 少有則馱載, 囊空則擔挑, 拙亦糊口. 巧能潤屋, 此其爲利於行商者也. 游閒之徒, 憚于遠役, 截路邀津, 登壟而望, 奔機如兎, 出賤戒膠. 一日之間, 通滯屢變, 高低其手, 抽添入神. 耳目不給, 則更結夥計, 拾零湊碎, 尙堪一醉. 時來運通, 或有奇羨, 此其爲利於坐賈者也. 旣有十不可無, 且有此三大利, 雖有十害, 恐未可去也."

余曰: "子所謂不可無者, 吾亦不敢埋沒他. 若所謂三大利, 實則是三大害也. 吾向也未及, 而幸子言之及此, 吾不可以不卞也. 夫獅子之搏象也用全力, 弄丸也亦用全力. 未有不用全力而能致其有者也. 今使携耒入山者, 破數畝土, 種一斗粟, 致其培根剔芽之力於耘草去莠, 則不患稼之不茂也. 致其削莖編葉之力於築墻納禾, 則不患穡之不時也. 賣人取直, 何如我食我力. 賣人以烟, 何如惠人以食. 此其爲害於種之者也. 使赴虛之商, 致其汗牛頹肩之勞於輸致穀物, 則昌化之米, 將陸續而不陳矣. 使列肆之賈, 致其柝葉分莖之巧於揣摩圭撮, 則萊蕪之䭔, 將日炊而不塵矣. 此之不爲, 而惟彼之務. 市上堆積, 半是毒臭苦塵. 囊裏贏餘, 無過零金碎鐵. 數日之間, 飄爲縷烟. 歸之盡空, 是豈神農日中爲市之初意哉. 此其爲害於行商坐賈者也. 惟此三大害, 比前十害爲甚. 而子以爲大利, 豈不謬耶? 今我東三百六十州, 大邑過之, 小邑不及. 而要之一日之間, 一邑之內, 含筒噴烟者, 不下萬人. 所吸可費一文錢, 則積計三百六十日, 可爲一千二百六十萬兩. 夫一千二百六十萬兩, 爲一國歉歲賑財, 而有餘矣. 使當恒年可供齊民衣食之半, 若能禁斷, 則是季季分俵一千二百六十萬兩於三百六十州之人, 其饒於國而裕於民, 豈曰少哉. 況生穀之道, 均輸之利, 又在此外者乎?

客曰: "子之言, 烟茶之害, 果無餘蘊. 然大禹惡旨酒而不能禁. 先王禁酒而不能終者, 以利害相半, 而嗜之者多故也. 今姑置酒勿論. 黃魯直詠茶詞, 形容茶味者極矣. <一斛珠>則云: '夜闌似覺歸仙闕, 走馬章臺, 踏碎滿街月.' <阮郎歸>則云: '絳紗籠下躍金鞍, 歸時人倚欄', <品令>則云: '恰如燈下, 故人萬里, 歸來對影. 口中不言, 心下快活自省.' 人之於所嗜偏着有如是. 則雖父兄之於子弟, 難期其必施. 況嗜烟茶者, 有甚於此哉. 幸我國朝家法禁中, 不用烟茶, 而滿朝公卿, 無不嗜過溪谷, 則誰肯爲一國千萬之賚, 捨自己一時快活乎. 然而禁之之法, 當如何而可?"

余曰: "禁烟茶, 比禁酒甚易甚易. 今年施令, 明年施禁, 而今之年首春,取其種而焚之於通衢大道, 禁之年首春, 斂其未盡之葉焚之. 禁造筒之工, 夏秋分送差官, 行視深山窮谷塢圃藩籬之間, 種者服重刑, 不告者受次刑. 萊灣開市處先期移咨, 使不得齎□入境. 行之一年, 可忘其習, 二年 可忘其味. 烟茶之難斷, 習與味而已. 習與味, 俱忘而後可.

7. 淡巴菰說

有草自南方來, 本草不載其名, 故不知其性之爲如何也. 世傳古有女名淡婆者, 善淫, 以不得盡夫天下人爲恨而死. 於是, 魂化是草, 生於其墳. 人皆嗜之, 故名曰淡婆. 或曰:「是草也, 食之則可以破痰, 故名曰痰破.」二說未知信然.

嘗見稗說, 燃海之邊有國曰呂宋, 有草生於其土, 名曰淡巴菰. 崇禎之世, 始來中國, 而禁不得食云, 亦未信其盡然也. 余於兒時聞老人言, 則其兒時人或有食之者, 謂之南草, 而伊時則未有若今時之盛行云. 計其出來於東方, 蓋不過百餘年之久耳.

到今則人無不嗜, 無論上下老少男女, 莫不持匣携竹以爲食, 不食, 則還以爲怪. 余亦自十餘歲時見人食而食之, 今則食而至於嗜焉. 雖食而嗜之, 初不知其利害之爲何如, 食而不知其性, 猶且嗜之, 有若飲食之爲甘美, 豈不可怪乎! 飯則口嚼其粒, 水則口呷其流, 蜜以甘味而爲好, 肉以美味而爲悅, 是皆飲食之有其實, 而甘美之所當嗜也. 至於是草, 雖謂之食, 旣非粒之嚼也, 又非流之呷也. 只以火燃其葉, 口吸其烟, 謂之食焉. 烟是虛空物, 雖吞下之, 猶不可謂飽腹之實. 況吸而吐之, 爲口外飛散之氣, 則烏在其爲食乎? 且其味也, 旣非肉美, 又非蜜甘, 多吸則螫人之舌, 眩人之頭, 可知其爲毒, 而猶皆嗜之, 豈不可怪乎?

其嗜之者之言曰:「天下之好味, 無如是草最. 其尤奇者有之, 雨中跨馬, 烟臭出自油衣, 則不但味好, 臭亦奇矣. 閒居登溷, 烟氣遮攔穢臭, 則不徒味好, 氣亦奇矣. 晨朝睡起之初, 細吸一竹, 則口中之汚涎, 如淨拭焉.

早暮喫飯之餘, 快吞一竹, 則喉間之濁氣, 若新潄焉. 愁人長夜, 吸此而爲伴, 則可以消多少煩懷. 文士騷壇, 喫此而凝神, 則可以助椎敲新思. 至於賓筵客座, 先以是接待, 則亦能免逢場之無味云爾.」

其說若眞有所據. 然是盖好之癖而惑之甚者, 俱非見之得其眞, 味之得其正者也. 以余論之, 是草也, 卽惑人之一妖草耳. 其害人多端, 而不徒耗民之財, 實亦敗人之俗, 世人皆中其毒, 而莫之知悟也, 豈不誠異哉?

試以害於身者言之, 含棗而吞涎者, 旣是養生之良方, 則今以呡毒之故, 而多不免玉津之吐棄, 浪費膏液, 其不爲妨乎! 潄楊而淨齒者, 旣是潔身之一事, 則今以吸烟之故, 而擧不免玉城之薰染, 汚穢潔白, 其不可惜乎! 小則尖金有刮傷上齶之弊, 大則長竹有觸貫中喉之禍者, 何莫非是草之所爲乎?

試以害於物者言之, 堂室之灑掃, 爲其淸淨也, 而爐灰燈石, 錯亂之難禁. 窓壁之糊塗, 欲其潔素也, 而烟染津灑, 黝汚之不已. 小則衣衾之好裁者, 生瘢孔於點火, 大則書冊之精粧者, 化紙錢於燃灰者, 亦莫非是草之所爲也. 且農夫之於耕耘也, 行旅之於程路也, 宜若不遑, 而一欲吸之, 則必吸乃已, 不顧妨農而尼行. 凡人之做事也, 其導之以暇息, 長之以怠緩者, 亦莫非是草之所使. 而甚至於蕩子之尋春, 淫婦之行私, 類皆以一竹草爲先容之蟠木, 而目成於彼此與受之時, 情挑於往來呡吸之中, 其傷敗風俗, 尤豈非是草之爲崇乎?

噫! 種草之田, 利於種穀, 賣草之廛, 多於賣貨. 銀竹銅竹之製作, 盡百巧於工匠, 唐竹倭竹之求貿, 通萬里於燕越. 達官則挾斑文丈長之竹, 而呼唱街路, 冶女則橫銀鏤妙製之竹, 而斜倚簾櫳. 西草之香, 峽草之美, 爭說其等品, 里門草之多, 梨峴草之勝, 各言其分數. 人家一日之內, 以此而費錢者, 多者數十葉, 少亦不下二三文, 則長安幾萬家所費, 當爲幾許數耶?

噫! 古人有訓, 無益之事, 不可爲. 況是草之食, 不但無益, 而又害之多端耶! 又況耗民財, 敗人俗者, 有如此者耶! 以此觀之, 世人之知其有害而食之者, 以其嗜好之惑也, 而以爲無害而食之者, 尤惑之甚者也. 以非飮食之物, 使之喫如飮食, 以不甘美之味, 使之嗜如甘美, 其迷人惑人,

無異移人之尤物, 則諺所傳淡婆墳上淫魂之所化者, 語雖不經, 怪神之
事, 世或有之, 則論其性味, 抑可謂近似乎?

嘗聞東郊之寺, 燒一死僧, 則見黑脂凝結, 懸在頭骨之中, 而其大如卵.
寺僧言:「是僧平生嗜南草, 此必毒氣內結而如此.」云. 又聞: 某人患脚
痛, 聞喫草爲害之說, 仍斷其喫, 自此脚步便利云. 以此推之, 是草之毒,
適足爲生病之物, 而所謂破痰云者, 其非可信之說, 從可知矣.

然則, 是草之於人, 有百害而無一利, 擧世之迷惑, 乃至於此, 則向吾所
謂一妖草者, 的是正見, 而皇朝所以有禁於南來之初者, 豈非有所見而然
乎? 爲今之計者, 當斷之以妖之一字, 而其種草賣草, 一切嚴防, 使至於
欲食而不得, 則其所利, 不但人之一身而已. 吾未知今世所見, 果能覺其
迷惑, 而其所論, 果能實如吾見否也. 於是作淡巴菰說.

8. 南草說 黃仁紀

南草者, 不知萌於何山, 發於何代乎? 未見於說文・爾雅・本草等編,
葩經多識草名, 離騷號爲草譜, 一不槪見, 可知漏於黃農頗鞭嘗百之日.
要之, 非古也.

或云: "龍蛇之亂, 倭奴始種於嶠南. 由是, 草以南錫名, 未知然乎?" 又
云: "南靈草, 以其異香而加一靈字乎?" 俗稱痰破芅, 性宜破痰故名, 果
然乎? 又稱痰排, 是必痰破芅之訛傳也. 盛於鎭安・三登, 故折者謂之芝
蓼, 是亦鎭三之訛也歟? 又云: "宜於治蚘." 味苦之效歟?

昔東人不甚業嗜, 近自四五十年間大盛. 余自八九歲時已效嚬, 至于老白
首, 好之頗篤. 亦有憂慨者, 向時承草之具, 謂之烟竹, 銅錫爲之, 製野
朴, 淡竹承之, 謂之間竹. 或短或長, 長不過尺餘. 近者草具大侈, 烟臺等
名, 務爲神奇, 至以金銀晶玉雕鏤奇巧, 木石瓦甎幷作. 竹隨以奢, 染刻
華侈, 而烏木沈檀・象牙玳瑁, 務極巧長. 公卿儒武婦女老稚牽牛醫馬卒,
無人不着. 而國中之沃土良疇, 盡入種草之田, 田穀不敷, 未必不由於

是."云.

昔之烟客, 蟋蟀尙矣. 令人之好着, 殆乎桃杏杖矣. 然而不能無利害之可
言者. 良辰美景, 詩思蜂蛹. 風欞水榭, 盃酒從頌. 華堂廈氊, 博盧跌宕.
看山訪水, 杖屐逍遙. 花朝月宵, 佳人秉燭. 憂患膠纏, 遙夜無眠, 別離情
人, 獨坐望遠. 細雨長道, 驢馬倦行. 飮餐過厚, 胃氣煩膨. 淸曉睡起, 鬲
壅口淡. 于斯時也, 不能無助趣. 至如登溷旁穢, 香煙屛臭, 其切利不可
誣也.

若夫爲害亦多者, 餘爐延燒一也, 厭塵滿座二也, 炭火靡費三也, 橫觸傷
人四也, 服多疲眩五也, 煙煤衣壁六也, 津液唾地七也, 惹人咳嗽八也,
備具有弊九也. 是則至微細, 其利害不足爲輕重, 而若其避遠尊屬, 豈非
萬萬未安之一端歟?

抑是擧也, 煙起於彼而入於口, 嘗其味, 雖無呑噬物, 事飮吸, 則亦是喫
啖之類, 可列於茶酒菜果之屬矣. 古者, 聖人於少事長‧賤事貴之衣服飮
食進退拜跪之節, 立言著說, 纖悉該括, 無微不擧若是. 使草生於聖人之
世, 其必擧論於周禮‧鄕黨之篇, 而著爲禮制矣. 父兄之敎子弟, 子弟之
事父兄, 無隱無訑, 安有非禮而不知禁, 非禮而不知止之理哉? 今之子弟
爇草於父兄所不見處, 父兄知之而不問也, 便是相欺蔽, 道理事體, 寧容
如是耶?

是草也, 必生於開闢之初, 而無所卜名, 漏於制作者, 豈生於海外鴃舌之
地, 不入於中州聖人所嘗矣乎? 抑亦待後世之子雲乎?

嗚呼! 酒之爲物, 適足爲喪家覆國, 古人至比之狂藥, 而猶爲獻酬之禮,
載於經傳. 獨此未有定制, 芧藶苟且者, 幾千百年, 其亦幸不幸者乎?

噫! 作法制禮, 豈非周公‧孔子乎? 是草也, 生於天地之間, 不霑聖人之
化, 未與賁草之列. 擲揢寂寞, 不識爲何狀物, 而禮僅潰缺, 眞韓子所謂
不幸而不出於三代之前, 不見正於周公‧孔子也. 忽此中葉, 蘖芽滋蔓,
其道盛行, 莫今時若也.

彼雖無知, 實爲僭竊, 比之於人, 貪權勢, 恣利慾, 上下擁蔽, 壞蔑禮法
者, 豈亦南草之所樂爲乎? 千五百年有聖人作, 必有俟以區別於君臣父
子長幼尊卑之間者, 且拱而俟之.

9. 論長幼尊卑之壞於南草
尹愭

今世長幼之倫, 尊卑之序, 所以掃地盡者, 惡乎在? 在南草. 南草非能
壞之也, 人之所以壞之者, 由南草也. 吾未知天意將以南草壞滅了長幼尊
卑之等而混淆, 爲囫圇世界耶.

凡今之人, 生十歲餘, 則無論男女貴賤, 莫不學吸南草. 子弟橫竹於父兄
之側, 奴隸吐烟於其主之前, 則少者之於長者, 賤者之於貴者, 尙復何論.
吾少時猶見幼者賤者用短短竹, 偸吸於長者所不見之處, 有若犯禁者然
矣. 今則雖人奴任使喚爲賤役, 亦必橫着長丈之竹, 不少回避, 更不見持
短竹者. 又賤者恣覓於尊貴之所, 燃火於長老之前, 相對箕踞, 吐烟談笑,
而尊長者亦不之怪焉.

嗟乎! 夫孰知世道之壞敗, 乃由於一小草耶! 俗語至曰: '不吸南草, 不爲
投賤, 豈爲人乎!' 是故人人一生所業, 不越乎南草. 蓋自播秧栽培之初,
以至摘乾剉吸之時, 不憚勞苦, 惟是爲事. 穢其手而不厭, 汗其衣而不恤,
其念玆在玆, 斯須不忘, 有甚於農夫之勤動.

其器具則匣樻以爲藏之之所, 銅竹以爲吸之之用, 鐵石以生火, 藤紙以去
津. 坐則不捨, 出則以隨, 不分晝夜, 不問寒暑, 臥亦吸, 行亦吸, 騎亦吸,
便旋亦吸. 儒士做工而以爲友, 小人執役而以爲伴. 雖甚病困, 苟不至死,
終不能捨. 試問世間更有如許物事耶.

方其橫脩竹, 吐長烟也, 自以爲長者之儀表・偉人之標致, 無挾而若有
恃, 無知而若有蘊, 人皆美而慕之, 無論京鄕, 靡然成風. 至於手執賤役
者, 亦不忍暫時釋竹, 有若失儀駭俗者然. 雖使擧重任而駄諸牛馬, 操長
木而入於曲巷, 此物則長在於口. 每遇觸礙, 常拗轉其頸, 低仰其竹, 以
防避之. 觀其模樣, 極苟艱, 甚危殆, 而未有不然者. 是何爲而然哉?

蓋是物也, 味非蔗糖, 臭異蘭麝, 不足以充飢, 不足以延年, 而爲天下所
同嗜. 寧廢朝夕之食, 而南草則不可廢也; 寧失上下之禮, 而南草則不可
失也. 毒苦人之所厭, 而雖嘔逆昏倒, 不以毒而却之; 汗穢人之所惡, 而
雖慘口蜇喉, 不以汗而退之. 衣衾書籍涴且燒, 而猶不以戒, 衝嗑觸舌,
傷或死而曾莫之懲.

蠱惑於物者, 莫如美色, 而比南草, 則猶有相離之頃. 耽嗜於味者, 莫如醇酒, 而比南草, 則亦多不飮之時. 沉溺於雜戲者, 又莫如投牋, 而亦不如南草之須臾不離. 吾又不知其何爲而然也. 吾聞天下萬國皆然, 不獨一方. 噫! 天理固未可測也.

10. 煙茶賦　　　　　　　　　　　　　　　　　　　　任守幹

　凡人口之於味也, 有同嗜者, 蒭豢之腴, 膾炙之美, 是也. 或物有至微而爲人喜者, 若文王之於昌歜・子木之於荷芰, 此所獨也, 非正味也. 至如茶之爲草, 著於唐季. 公家收榷之利, 比於䤵金, 賓主獻酬之禮, 進於酒醴. 噫! 其盛矣! 於是乎, 有烟茶者, 繼而出焉, 不見於神農之藥經, 未列於園官之蔬品. 其食之者, 非若芝尤之採而餌之也, 非若芽茗之煎而飮之也. 必也切而燒之, 所服者其烟, 故命之曰烟茶. 天下之人, 皆味其無味, 豈所謂正味者非耶? 乃知天下之生物, 至叔世而方侈. 抑或人性之嗜好, 與時俗而推遷者乎?
　或云: "烟茶者, 出自南荒之外, 可治痰癖之疾," 人多試之, 未見其益, 奈何? 猗儺一章, 非猶非薰. 今爲貴賤之所同好, 夷夏之所同珍. 民之所須, 急於粱肉. 何卉物之有幸, 爲衆口之所悅若乃?
　郭外良疇, 村邊閒圃, 播子宜早, 趂東郊靑陽之晨; 移根欲密, 帶南國黃梅之雨. 溉其畎澮, 恐其土脈之未融; 摘其蘗芽, 惡其邪枝之旁吐. 旣糞旣培, 乃鋤乃治, 俾盡地利, 毋愆天時. 民功已齊, 物性方逡. 幹高聳擢, 凌衆卉而標靑; 葉大扶疎, 蔽驕陽而籠翠. 碧蕉初展, 聽雨聲之偏多; 靑梧未老, 佇鳳鳥之或至. 鉛華纔綻於其杪, 靈氣繼升於其柢. 其始也, 膏液潛滋, 流通無滯, 日夜上注, 洋溢涯際. 隱轔唵薆, 盼響呅哱. 惟其葉之皴甕, 敷鮮碧之沃若, 受金精之正氣, 鍾香味之酷烈. 方椒桂而彌辛, 比薑棘而愈辣.
　乃俟其時而摘取, 若蘭佩之雜綴. 迎以零露, 曝以秋日. 英華內斂, 芳馨

外徹, 絢若擒綉, 或黃或赤. 于是懸昆吾之寶刀, 壓岷峨之梓木, 將參差
之疊綺, 羌繽粉而縷切. 千箱忽以烟霏, 寸刃霍其電掣. 纖若游絲, 乍離
披而輕盈; 方如疊壁, 頃蒐荗而委積.

於是乃範銅錫以爲器, 圍可容乎一指. 撮圭劑而盛之, 取火食之餘旨. 承
修莖而曲項, 洞窅冥而疏中. 爐上之芳薰旣燕, 腔裡之烟氣潛通. 試啓齒
而一浪, 陽和透乎靈宮, 吸靑藹之氤氳, 覺丹田之沖融. 故能通乎神明,
去其溳濁, 安和中腑, 消除宿食. 玉爐底淸, 胸中之邪氣淨盡; 丹液屢咽,
臍下之金光煥發.

是以天下之人, 莫不饞然耽嗜, 寧可三月忘肉, 不能一日無此味者. 伊昔
建溪之茶·陽羨之茗, 雖擅美價於一世, 殆不及矣.

若乃通邑大都, 分隊列肆, 家積人藏, 霞駁雲委. 攘袂按刀者, 皆誇揮霍
之精切; 持鈔抱緡者, 無不雜杳而爭市. 遠近之所湊集者, 夥於果布; 駔
儈之所居積者, 尙乎金綺. 或籠取低昂, 獨擅其利, 富埒素封者, 往往有
之. 乃知山東千樹棗·秦中千畝梔, 非獨爲富給之資也.

至如西第將軍·南園公子, 擊鍾饗賓, 開筵娛士, 金蟬狎座, 伶優奏技.
綺肴粉而山錯, 美酒湛而河傾. 方歡娛之旣洽, 厭珍羞之迭呈, 犀筯拋而
不下, 羽觴停而未行. 探文梓之槃槄, 引鏤金之脩竹, 咽薰氣之辛散, 下
腴旨之滯積. 龍團鳳味, 於斯無功; 珍果美蔬, 爲之掩色.

又如俠客冶遊, 佳人狎歡, 或走馬章臺, 或拾翠江干, 佇良會於月下, 滯
佳期於桑間. 解佩纕而欲贈, 懼冒禮而爲猜, 方新知之脉脉, 美目盼而善
睞. 傾腰間之香幃, 何以畀之之子, 傳銀竿而遞飮, 接歡意之在此.

或如子雲窮居, 草玄髮白, 自守淡而不渝, 牢愁反而彌結. 囊螢乾於秋夜,
淫雨滯於夏日. 筆牀掩而塵栖, 茶竈傾而烟熄, 情紆軫而靡托, 湌香薰而
不揆.

又有妾家城南, 君戌塞北, 悲年光之遞謝, 感容華之易歇, 璇閨掩兮晝不
暮, 錦帳空兮夜何長? 靑缸翳兮寒焰, 金爐爐兮餘香, 離愁苦於嘗膽, 懷
鬱鬱而焉瀉? 抗彤管之有煒, 送靑氛之裊娜. 疑楚岫之行雲, 宛夭桃之沈
烟.

又有孤臣孅魂, 飄飆流遷, 紉江蘺而爲珮, 集芙蓉而爲服. 秋菊落英, 不

足以充虛; 木蘭墜露, 不足以療渴. 遂滋九畹之靈根, 嘉枝葉之峻茂, 精瓊糜以爲粮, 芳與辛其雜糅.

又有征客天涯, 戍卒隴右. 方其侵星而遠邁于長程, 望月而獨倚乎荒城, 微此烟茶, 則無以慰夫感憤羈旅之情.

又有雪徑樵子, 滄江漁父. 當其弛肩擔於遙野, 卷釣綸於極浦, 微此烟茶, 則無以暢其幽適閒遠之趣.

雖復罄渭川之竹, 殫中山之兎, 使嚴樂盡其筆精, 淵雲騁其秘思, 惟此烟茶之爲美, 曾不足以縷數而殫記.

而況僕本野人, 久安藿食. 色難腥腐, 味甘淡薄. 持粱食肉, 非所願也; 抱甕灌園, 乃其分也. 有田數畝, 宜此茶也. 爰收一囷, 爲歲計也. 飡烟饗馨, 聊自潔也. 旨哉氣味, 適吾口也. 雖商嶺之芝, 燁燁可療飢也; 蓬島之藥, 煌煌可度世也, 伊玆茶之可珍, 吾不欲以易彼也.

11. 南草歌   朴士亨

平生의 病이 잇셔   온갓 풀을 다 맛보니
人蔘 蒼朮 遠志 菖蒲   鄕藥方의 ᄒ엿거늘
三年을 長服ᄒ들   七年病을 말긴손야
南方서 나온 풀이   靈異ᄒ다 有名커늘
花階를 조히 쓸고   藥欄을 놉피 비겨
梅花雨 又긴 後의   花草조차 셧거 심거
薰風의 ᄌ라니여   甘露를 맛쳐ᄠ니
翠鳳의 쏘리又치   프르고 프른 닢을
黃鶴의 ᄂ리又치   누러케 킈워 ᄂ여
먹던 챠 물리치고   試驗ᄒ야 맛슬 보니
燻燻ᄒ 니 ᄒ 줄긔   喉舌의 又 너무며
氳氳ᄒ 氣運이   腸腑의 ᄀ득ᄒ니

從前 싸힌 痰이　　혼 씨예 다 ᄂᆡ리게
宿病이 다 調和ᄒᆞ니　　쓰호 興을 이라리라
靑樓 불근 달의　　긔리던 님 만나보니
沈香 가ᄂᆞᆫ 刀磨　　燈盞 앞프 내여놋코
銀粧刀 드ᄂᆞᆫ 눌노　　닙닙히 싸ᄒᆞᄂᆞᆫ 양은
廣寒殿 玉杵邊의　　가문 셔리 뿌리ᄂᆞᆫ 듯
朱紅櫃 너여 노코　　銀竹을 흘리 자바
纖纖 玉手로　　넌즈시 담ᄂᆞᆫ 양
鶴山 仙人이　　白玉笛을 빗긔 쿈 듯
金爐의 무든 불을　　銀箸로 집어ᄂᆡ여
丹屑 皓齒로　　가ᄂᆞᆫ ᄂᆡ 품ᄂᆞᆫ 樣은
赤城 불근 날의　　흰 안긔 훗나ᄂᆞᆫ 듯
平生에 興味 업셔　　世味를 모르더니
이 풀 어든 後의　　憂患을 이 자리라
香山에 네 낫든들　　瓊液酒를 부러보랴
淸風이 生腋ᄒᆞ니　　羽化術이 뵈아ᄂᆞᆫ 닷
三神山 碧桃랄　　爽快타 ᄒᆞ건마ᄂᆞᆫ
弱水 三千里에　　어ᄂᆞ 神仙 보닐손야
安期生 火棗를　　仙藥이라 ᄒᆞᆫ들
三千年 여ᄂᆞᆫ 열ᄆᆡ　　어듸 가 어들손야
蓬萊方丈 第一峯의　　不死草 잇다 호듸
童男童女 나간 後의　　바리되 안이온니
秦皇이 너를 보면　　一定 리가 너기리라
이 몸이 貧賤ᄒᆞ야　　草野의 뭇쳐시니
藜藿羹을 못 免ᄒᆞ되　　葵藿忱은 혼자 잇셔
너 갓튼 마ᄉᆞᆯ 보니　　獻芹誠이 보야날 제
兩腋에 짓을 돗쳐　　九天의 ᄂᆞ라 올나
閶闔門 드리 달나　　玉皇ᄭᅴ 進上ᄒᆞ면
香案에 노아 보고　　우리 東皇 賞給ᄒᆞ야

千千 萬萬歲를   거의 疾病 업사실까
그졔야 太平烟月에   壽民丹을 삼으리라

영인본

烟
經

烟經序

古人於日用飲食之事莫不有書以記之故鄰平公有

食憲五十章王績有酒譜鄭雲叟有續酒譜竇苹以杯

酒譜陸羽有茶經周絳補之無文錫有續茶譜蔡君謨丁

謂有茶錄以之飲啜之外有可以賞清賞備故事則若

范曄之香序洪駒父之香譜葉廷珪之香錄皆就燒香

一事記之此若君謨之荔枝譜沈立之海棠譜韓子溫

之橘錄范石湖之梅菊譜歐陽永叔之牧丹譜劉貢父

之芍藥譜戴凱之、竹譜僧贊寧之筍譜皆就名花嘉

烟經

1

案上記之者也於此可以見古人之作物苟有一善之

可録則不以物微而遺之蒐羅其隱者闡揚其蘊者莫

不裒以為書以詒後則其為庶物揚𣉘酒與天下後

世而公共用者其意豈一時翰墨之戲也我天下之吃

烟也久矣蚄庵瑣語稱崇禎初烟葉自呂宋傳來宋荔

裳綏冠紀暑也引為明李一炎冷則烟之自南蠻來者

且四丙子矣李澤堂集有南靈州歌林忠愍家傳稱錦

州之役載烟以易食則東國之有烟也將二百年所矣

蓺之者若菜麥麻而種植之法至為服之者若親杯觴

而修製之方萃焉以至族彙漸繁而名品異焉智巧漸

尚而器用備焉薰花吸月而有酒之妙理等燒碧燃紅

而有香之意思焉銀杯花崗而有茶之風致焉培花曝

香而山無愧於珠實名卉焉則二百年間宜其有文字

之所以記焉者而纂輯家未聞有所誌焉則豈物讀事

冗不足為墨卿之從事歟蓋有之而余未之見此有固

寫之愧歟抑其出猶不久矣有未遑者而留而為後人

涉筆之地歟余僻於烟甚愛且嗜不自畏笑妄有撰次

踈繆荒穢固不足以菱出挾秘而若其記載之意則底

北石庵社

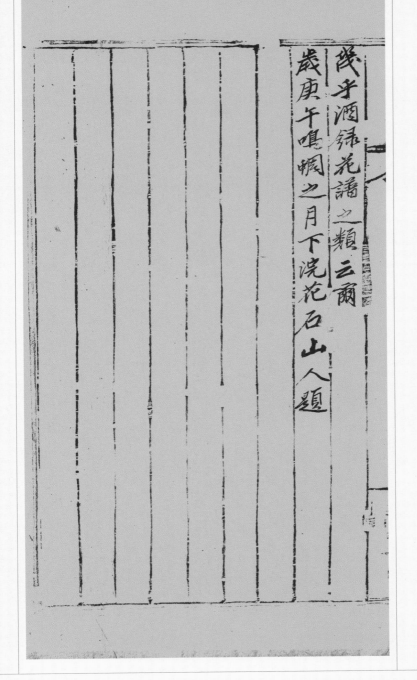

幾乎酒錄花譜之類云爾

歲庚午喝蜩之月下浣花石山人題

烟經一

昔樊遲問爲圃子曰吾不如老圃聖人之意雖

責其所問之鄙而蓋爲圃之道必求老於圃

者問之也余嘗見鄉之業植烟者名之曰艸農

艸雖非農而其作苦而求利也則必一農也京

華貴游子弟只知烟而可吃不知烟之所以種

蓺培植者爲如何則必何異乎能喫玉食而不

知稼穡之艱難者歟余既鄉居必多種烟有所

得於老圃者故爲先記其種蓺培植之方俾食

烟者知烟之所以成者此不易焉

一收子

子黑微黄赤細無偷粟可三之　有曰五十葉或曰西

之烟曰牛舌葉味下之葉疏曰倭葉箕而矮　藏不密

鼠穴而蟄

二撒種

刬地為平不壞而籬先以尿水潤定將子和黄土或灰

均撒令勿密　陰之以松青苗生二葉即去陰去雜艸

三窩種

間二趾挖一小凹實糞灰蓋以土瓶大豆二每顆穇烟

子四五粒掩不露豆爛而烟苗勝扵移　斷秸寸長延

而粘子亦可

四行苗

苗寸而上得雨皆可移　早剝堅葉霖剝疏封　濕地

凸燥地凹凡地墊而植其畎　苗過扵脩者乙而埋至

腰

五壅根

苗之徙十日根而如生鋤土令柔採而封之如怪如塊

北河庄刻

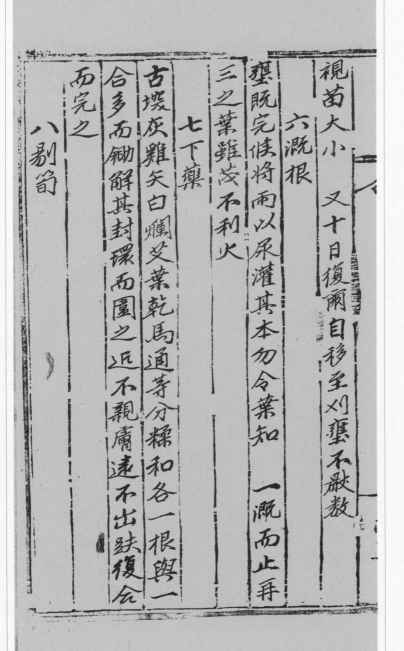

視苗大小 又十日復爾 自移至刈壅不啻數

六溉根

壅既完俟將雨以尿灌其本勿令葉知 一溉而止 再

三之葉雖茂 不利火

七下藥

古墼灰雞矢白爛艾葉乾馬通等分糯和各一根與一

合多而鋤解其封環而圍之近不親膚遠不出缺復会

西完之

八剔筍

笛既盛其氣南出而笛任而不剔、而不勤支強於宗

妻不注葉　剔必惟日期以無笛惟留近地者一而剪

後之虽

九禁花

欲笛而不得剔妻不肯專於葉上而為花、剔寶、剔

葉瘦而溪　擇早穗者一二許其花而子之其餘髡之

俾不得紅而四

十除蟲

烟之毒有蟲猖甘之在稗蟹捭鉗其莖及長梢、者青

北石在本

剥其葉始猶作河洛文甚則無葉而既朝起審其背捕

而塗之

十一慎火

烟有瘢其名曰火病者葉斑而爛始赤誌如灑赭未袋

黃又未袋白蓋枵也　一樹病百樹從火有起即去之

無使蔓

十二齝葉

葉之最下曰影　近土多海金沙且不受湯老而猶不

毒蟄之時膊而去之勿令分氣　暴其影而當新用亦

佳曰青艸烟

十三米葉

毒既至即可米毒之候葉怒硬而如糒黏而如膠色深或連

青而隱黃全身反側不能安者毒之不自勝也或

莖斷或以葉取葉取者旬復為葉斷者支復為本甕

溉之所力或三米或四五米　米過期毒復下

十四編葉

葉少薑辮秸以編其柄四分而三合以固之　辮二眼

或兩葉或五六葉兩葉弱五六葉太樸乚則易體　或

五十眼或七八十眼長短無程兩端継以緒緪

十五暴葉

既编铺地若委二日三日太陽下炙翻而覆之尖角微

黄即举而施之柼字有風無兩日或朝暮披而番之内

無其青乱已成矣　陽乱红陰乱青乾不善者黑

十六曬葉

秋露方繁枯枬猶艳乃從字下遷于屋上夜則承露朝

則纲陽葉之性剽者柔濇者油辣者不射喉　如是凡

三日夜始仅

十六烟根

未霜收烟根大者窖藏土窖中春而芽明年又益宿二

冬不窖而能樹　葉漸細味漸毒

烟經二

子曰人莫不飲食尠能知味之猶尠知況知其

所由之遠知其可施之宜者能幾人也我余嘗

見世之吃烟者多知以南帋而不知其為烟只

知為自倭國而不知其所出鄉里之人慣於櫻

圍而不知市刻之如何者有之京華之人狃於

買品而不知刀切之如何者有之則吃烟是一

尋常日用之事而能知其所可加者尟矣余

為備述其原由與性味與鋪疊劚切之法斟酌

燒吃之道與不知者告之也

一原烟

中國古無烟明崇禎初自呂宋傳入閩未幾至出關始

猶酒蒸吃最宜冬　初有屬禁戍卒病遂不禁　其始

烟一勵直一馬

二字烟

烟之名曰蒌朝汕曰南艸又曰烟茶　鄉名曰淡巴菰

或作瘝破晉

三神烟

或曰癀破膏非也蠆之女有曰淡泊鬼夫痼不得藥錠

而死矢曰願為藥以救人是為烟帝女之化唐艸也

四功烟

澤風子曰烟飽使飢、使飽醉使醒、使醉偉武烟之

功南眠之有檳榔思也

五性烟

烟味苦辛性大熱有大毒主氣欝膈滯喉痰惡心治一

切憂思　能辟寒辟惡臭　中毒者用蘿蔔汁解

六嗜烟

北石左村

烟之始韓葵業嗜之或問酒食烟三者必不得已去於斯三者奚先曰去食又問曰必不得已去於斯二者奚先曰去酒二食可無烟不可一日無

七品烟

西烟香而甘夾烟平而厚湖南之烟柔而和惟北方之烟甚強喉爆而朒暈　赤埴之田味而烈塗泥之田燥西疆　植於舊釁之地者舌我不可尚已

八相烟

庸烟吃而知老烟覸而知巧烟目而知　啟藏有甘香

氣螫鼻者上辣氣者次燒毛氣艸腥氣無氣者下　手

摩津、如漬蜜金色而微紅者上柔而赤剛之如蝛蚣

脚者次色或青或黑或黃白随手作映翅碎者下　大

牽色淡者淡體薄者薄

九辨烟

烟之書曰西賣故亦有鴈為體西也色西也惟氣與味

非西也或杍葉之所畫或霜雹而旱或浣於雨或紅藍

之黃皆不可吃　有工造鴈者煎烟如錫三浴之加昔

汁再加朴硝水潤之以火酒雖鴈味無敵

烟經

20

十 校烟

時貴時賤物之情也烟為甚當貴極漢陽之市持一文

者析半葉屑其骨杯量而訂價又當賤之極市見衒者

一錢檻而抛不交者二關之西一秤而七十錢者惟

巡察使當之

十一 輔烟

遠至者老於藏者堅而頑剖之如石解之如沙即以釋

餳水或火酒蘸兩端令遍氣緩透味倍佳　強而太元

者剉乹棗肉糜和佳或切蓮葉和或拌香末燒佳　痾

於無者亦吃桑棗葉蒼耳葉云

十二喫烟

烟之美者不澤而自沲其餘喫而柔之　水太儉傷葉

水太多傷味　晨鋪而承露上安於下地使久而潤次之不得而喫必均而細珠結如栗翻復之厚被而輕躁之即其身通和而通矣市之人不然借水而為重故揮箒而兩市之品皆不利火無味者水之多也

十三鋪烟

葉丶而繙審而治之惟謹沙則振之灰則掃之塵則揩

之芥則拾之　填磨鏡若填河狃之煤小有失殺人

去其脊舒其角鋪而疊之均厚薄齊圓溥三卷而摺之

大刀圍而廣小刀偹而敷　倭之葉若硬紙而積卷只

紅鄉緫其附無事鋪也

十四剉烟

市人用剉家人用刀切之如鱠細而不鬣　絲鬣為上

宻壅次之糠屑次之菜莖末之切若如菜人必閟羹聞

火則棟治之不成

十五儲烟

藏葉烟宜厚裹而緊綏人立而植上防兩下防濕防穴
鼠　藏切烟磁罌上木蓋次紙裹次　終始忌風之不
慎乾而味辛　藏之所密鬱而白釀之雖無傷腐則味
爽

十六斟烟

量杯而實推意樆果平其底無蜜其咽歛其頂無帽其
唇潤者彈之使疏燥者挨之使密散者堅之使凝
乾若小過鉤弋而三呵之妙

十七著烟

凡着火，茸火最佳，星之火次之，紅炭火次之，燃薪火又次之，燈燭火又復次之，麩炭火次之，炭與薪其氣燄燄，火末及而杯烘燈與燭灸而不燃誤而脫杯棄烟與油麩火香甘之烟當為糠味大不可火着偏倚澤若尾窐火着遍地圍若野燒遲速緩峻惟火為要

十八吸烟

齒以咬住不至陷鐵唇以鼓鞲時啟時閉無如兒吮乳

無如魚吐沫一呼一吸始翕而闢其味無窮卷能體得

時或噙口不洩嘿運真氣從鼻孔噴出腦海清爽妙

不可說

十九洞烟

取烟葉厚疊瓷捲作小笛圓視杯口長短在手堅植在杯上乙安一豆子火吸之味勝劉切一杯當三杯鄉名

烟洞烟

北石店本

烟經三

子曰工欲善其事必先利其器天下之事無、
器而可能者則一飯之恒而必有待乎盌椀匙
箸矣一飲之庸而必有需乎瓶罍瓫坫矣欲善
其事而必利其器者吳徒工而已也我此蔡君
謨之茶錄下篇專以茶具為重者而烟之有具
山未嘗不若茶具則此余所以著為一編而本
之自烟刀烟盒外之及火筋火鑷者皆以其為
烟之具也而山出於利其器之意此云爾

北石庄刻

一烟刀

市之切剉野之切刀剉宜頸長而厚背刀宜薄而廣

而礱

砥不離側切而復磨刀不利切不細　利而不慎血楮

二烟質

市刀有局承之以壇章家切無常遇木則畫木太剉則

傷刀木太柔則屑生白　鋸斷五寸株立而為格芒刀

不缺俎亦無跡

三烟杯

杯之品白銅上黃銅次紅銅又次水鐵又次之　其制
蘘欲疏乳欲細器欲闊而淺　有柚而作菇莖者有飽
而作蓮藕者有窪而作橢斗者有四稜者有六稜者有
三成而間銀銅者有銀箍者有銀臺者有鑲銀花者有
鑲銀壽福篆者　俗侈匠巧闢新尚妙其制不一不可
以悉　大抵太纖近婦女太華近俠游太壯近窶僮僅無
侈無野醇而不繪窳而不碍容而不窒斯之美矣　亦
有層而如鉢蓋而如盒輪而如輗大而能受一握者
惟琺瑯嵌花不可用

四烟筒

烟之所往來筒為之路也太短則近火而無味太長則
亦多妨貌慢一也易折二也頻噎三也無位之士未
嘗之子筒齊其身人反為恥長不出四尺短不入三尺
得其中矣　花斑上之侹節次之皂竹次之白竹末之
花斑固好而五色鱗瑜遍地無閒者還戒太侈不如
紫地作紅梅點黃地點桃花二三者　侹節耐久摘妍
倒汁

五烟囊

以紙或以紬油而為子囊必有圓其腹為灰囊　厚油

而凝之使黏而不燥套之以帛以防磨穿　中國之囊

佩不局香茶藥烟至四至六束人著之不敢佩服佩之

者野人貧人賤人也　蓋骨而紅星當係而押者市童

子之夸也

六烟匣

平壤造上松都全州造次漢城造次之　或作橘皮皺

或作蓮葉綠皆取瑩如琉璃柔如麂皮　或以紫紬緣

帘口佳或衣以青黑布而紐

七烟盒

文木而黃銅糚者黃銅而嵌花者油鐵而錔銀花者木

漆黑石嵌螺鈿者品亦不一多有位者之用

八火爐

爐之制不一各適其用而烟之爐貴小貴輕貴深小則

占地不廣輕則便扵左右深則能久火　只花一塊紅

能終一日一夜者好　中國人多蓺烟香無事乎爐

九火筯

下圓上方僉筯而長連鍊而綴之只可撥灰掩灰好

亦或用鐵匙

十　火刀

一石火鐮鄉名火鐵　烟之用火刀火最有味　或小

匣而藏之或荷包而囊之　宜扵夜宜扵雨宜扵行路

不可以無　其品有三孔風穴七星風穴萬字雙穴又

有銅結交龍而加火刀者隋如籤㼭而出兩刃者　古

者男子佩鏈、者夫遂也盖類也　夫叩火之法制不

如性、不如石、不如人

十一火茸

端午翠絶佳厚紙漬幌麻灰佳蒿秸灰佳烟骨灰易緩

蓁灰有艸氧朴硝水太燎或曰傷人　手法之聖故紙

墨痕皆可用　苴蒿不敢星流電迅承而復燒石喪其

利金㬇其誠人病其臂　石唐勝鄉白勝黄红勝蒼柔

勝劣區勝方

十二烟臺

烟為灰之則為塵之則淡人勢所相因於是為小匾頂

板而啓闔板竅而容入凹其一面以安承杯俗曰灰匱

實烟之臺　烟而不臺席有火貽衣有灰色邊烟入爐

毒燄最碧　或鍮鑄如匜而滿

朱子嘗論物之理有曰花瓶有花瓶之理燭籠

有燭籠之理所謂理此者不過是如此則可如

此則不可如此則好如此則不好之謂此此則

吃烟不過一閒漫事而視諸花瓶燭籠猶為嚴

用則豈可以吃烟而無其理也我嘗觀袁石公

觴政編專論趣味之妨宜則烟心酒之類此其

理宜典酒而無間故暑論烟之所以用之、理

以著扵末云爾

一烟用

一飽喫孟飯口餘葷腥即進一杯胃安脾醒　二早起
未嗽痰噎津濁即進一杯瀟然如灌　三愁多思煩無
賴莫聊徐進一杯如酒以澆　四飲酒既多肝熱肺癘
快遮一杯欝氣随歠　五大寒氷雪鬚珠唇強連進數
杯勝服熱湯　六大雨潦溼席菌衣花恒進數杯氣煉
西嘉　七思詩軋軋撚髭咬筆特進一杯詩従烟出

二烟宜

宜月下宜雪中宜雨中宜花下宜水上宜樓上宜途中

宜舟中宜枕上宜廁上宜獨坐宜對友宜着書宜圍棋

宜把筆宜烹茗

三烟忌

一尊前不可　二子孫之父祖前不可　三弟子之函

丈前不可　四賤之貴人前不可　五少幼之長老前

不可　六祭祀不可　七大衆會獨吃不可　八忪急

時不可　九病癢吞酸時不可　十赫奕旱日時不可

十一大風時不可　十二馬上不可　十三衣被上

不可　十四火藥火鎗邊不可　十五梅花前不可

北石居曰

十六病咳喘人前不可 一切嚴禮貌處不可慎火患
處不可妨烟氣處不可戒畫蹴處不可 嘗於寺中對
佛西吃僧大悶

四烟味

對案讀書咿唔半晌喉燥涎膠無口可吃讀既已引爐
燃筒細進一杯其甘如飴 趨陪 殿陛既嚴且咸緘
口自久五味甘澀纔既禁扃忙索烟亟促進一杯五內
皆香 冬夜漫漫睡覺難初無人可酬無事可賴潛叩
火刀一剔承燧徐從被底穩進一杯春生廩室 長安

城裏日熱道狹皰肆灘圍百臭破鼻使人㗩乎失嘔吧

向友舍未暇叙阻主人勸進一杯頓如新浴　夾路荒

店病嫗賣飯蟲沙雜蒸鹽腥菇酢只顧驅命強吞忍吐

胃滯不輪匙繞俱即進一杯如食薑桂是皆當之者知

之

五烟蕊

童子舍一丈筒立吃時復從籬間嘍可憎　閭閻衣紅

婦人對郎君自如吃可愧　年少鵶鬢鬋竈頭吃如吐

霧可痛　野人攜五尺白竹筒粉末烟葉和嘍引火數

吸便盡而棄嘅於爐埋灰於席可悶　破笠丐子簡與

爷長而道上攔人索漢陽鐘磬烟一杯可怕　朱門隙可

僕橫植不短之簡爛焚西烟而咎過其前不暫惧吃可

楬

六烟候

測時之法或尺而影或漏而聲而亦不可随時而臉逝

慶而占則皆不如烟之測候之為簡且易必或浪詩令

或促急步或寬小暇或約近期每以一杯烟二杯烟至

于三杯四杯以為準爲則杯雖有深淺烟雖有燥潤而

大抵所以候時者差之不遠矣顧何待火索與辰鐘此

歟

七烟癖

嗜好過人病之曰癖有飯癖酒癖餅癖餳癖數癖諸果

癖茄癖豆腐癖者而於烟之多癖之者古一相國弱冠

日吃西烟二觔一尚書常用二杯遞進而杯不冷近一

相國一元戎皆用新兼別製杯、恰如鵝卵殻又或有

三歲兒盡日吃不住心不曾醉暈烟心有生而癖者歟

甚初吃者百一二近古不吃者猶十一二今則男子

皆吃婦女亦皆吃賤者褲皆吃通一世無不吃烟者然

而貴人多癖愁人多癖閑人多癖。之者蓋亦多矣

聞燕京則婦女甚於丈夫云

八烟貨

居夷者有一頃地不種粟而種烟鄉居者有一席地不

種菜而種烟故山海之市貨而相首尾者烟也漢陽大

都會也東北以蹄角運西南行舟檝川委而雲集者皆

烟也城中外開舖凭横而坐磨刀之聲相聞童子席

地而墻環叶買西烟紅烟者聒人耳前貨以胠行而求

衙者踵相首也然而朱門華屋則饋遺日臻而心不曾

求烟於市烟之費不止廣求一日之切一歲吃

一歲之種非烟之多吃者之多非吃之多癖者之多觀

於烟知人之方盛多矣

九烟趣

天下事二。皆有其格苟尖其格便覺波趣今若以烟

之格論之則位高御宰方伯州牧觀瞻所係使令足前

一穀烟来自有伶俐小史忕啓銅鑪揭起金色烟取觀

音紫竹七尺筒燃發到半翻裾净杯鞠躬而進高衙花

烟經

45

席緩、吸進便貴格　年大老人孫曾列侍舉止從便

吃烟坐罕飯粥少頃始命一杯或是稚孫或屬女侍徐

展油画斟酌輕杯火候既熟拭而進之移灰臺以薦之

坐吃臥吃從其所安便福格　年少郎君袖出小匣引

銀萬字東萊杯粧訖盧橫左吻又於囊裡取出精緊火

刀一穀者迸火已近揸插在烟心緊美唇舌一吸再吸

烟已出口便妙格　天韶佳人逢歡撒嬌就歡口裡拔

出銀三筒滿花竹燃未半者不暇念灰散羅裙不曾顧

延流滴珠怩挿在櫻紅唇間且笑且吸便豔格　鋤水

農人傅鋤坐稻塍蕢帒間麥酒初巡於露磬上掀出橫

蕃短竹杯捲煙葉作煙洞狀安在杯上左手擎杯右手

執火而燃之煙出如烽直衝其鼻便真格人各有其

格、各有其趣相與冊之曰君獨未知其趣耳

十烟類

火至熱煙至毒人所不可食然而海外有食火之民仙

翁有吐火者人之吃烟必類也　　醫家有筒烟法或惠

耳或惠齒吃烟必何以興於是　　古人以吃烟屬南朝

聖火之比而歸之於明季赤皆則吃烟其豈火洽木之

類歟今則用大作酒功先於茶真可曰茶酒之類也

人有愛香烟成癖者則吃烟不啻非香烟之類耶

南方之人習食檳榔常儲懷袖和灰食之故齒牙赤紅

以食烟之類也嗜食烟者齒皆內黑如樹奴之漆近

西洋人又傳鼻烟法取黃黑屑一秦大吸入鼻孔可嚏

吃一杯佳烟若鼻烟者又是烟之別部也

烟經

一

烟經

연경, 담배의 모든 것

이옥 지음, 안대회 옮김

1판 1쇄 발행일 2008년 1월 14일
1판 2쇄 발행일 2018년 11월 19일

발행인 | 김학원
편집주간 | 김민기 황서현
기획 | 문성환 박상경 임은선 김보희 최윤영 전두현 최인영 정민애 이문경 임재희 이효온
디자인 | 김태형 유주현 구현석 박인규 한예슬
마케팅 | 김창규 김한밀 윤민영 김규빈 송희진
저자 · 독자 서비스 | 조다영 윤경희 이현주 이령은(humanist@humanistbooks.com)
스캔 · 출력 | 이희수 com.
용지 | 화인페이퍼
인쇄 | 청아문화사
제본 | 정민문화사

발행처 | (주)휴머니스트 출판그룹
출판등록 | 제313-2007-000007호(2007년 1월 5일)
주소 | (03991) 서울시 마포구 동교로 23길 76(연남동)
전화 | 02-335-4422 팩스 | 02-334-3427
홈페이지 | www.humanistbooks.com

ⓒ 안대회, 2008

ISBN 978-89-5862-220-8 03900

만든 사람들

기획 | 선완규
편집 | 박지홍
디자인 | 민진기디자인
문의 | 박상경(psk2001@humanistbooks.com)